머리말

막판 뒤집기에 들어갑니다.

❶ 입실 전 결정됩니다.

시험장에 입실하기 전 이미 점수가 결정되는 영역이 있습니다. 더해, 독해, 문법, 생활영어 전 영역의 가장 밑바탕이 되는 영역이 있습니다. 그건 바로 '어휘'입니다. 시험장에 들어가서 아무리 노력해도 '내 것'이 아닌 어휘는 기억나지 않습니다. 그래서 어휘 영역은 입실 전에 미리 점수를 만들고, 시험장에 들어가서 점수로 실현하는 영역입니다. 우리 모두 어휘의 중요성을 정확히 인지하고 있지만, 바쁜 수험 기간 동안 매일 꾸준하게 하는 것이 녹록지만은 않습니다. 그래서 우리에게는 막판 뒤집기가 필요합니다.

❷ 반전의 기회입니다.

막판 뒤집기는 복잡한 사고 능력, 많은 시간을 요하지 않습니다. 짧은 호흡으로 집중해 단어의 의미를 각인하고 시험장까지 갈 수 있는 장기기억으로 변환시킬 수 있습니다. 그래서 D-day가 다가오면 다가올수록, 이 글을 읽는 당신에게 더욱이 중요하고, 확신을 주는 콘텐츠가 될 것입니다. 더해 이 '반전의 기회'는 당신의 수면 아래에 있는 성적을 반드시 수면 위로 꺼내 가시화할 수 있는 시점이 될 것입니다.

❸ '아는 것'과 '안다고 믿는 것'을 구분합니다.

어휘는 '어려운 것'이 아니라, 단지 아직 암기하지 못한 것일 뿐입니다. 그래서 우리는 당신이 가진 어휘와 아직 갖지 못한 어휘를 먼저 '구분'하는 것부터 제대로 시작합니다. 아직 가지지 못한, 즉 암기가 안 된 어휘를 구분하고 그 영역을 '가능한 모든 수단'을 이용해서 집중적으로 암기합니다. 그 수단은 어원, 이미지, 음성학 등 장기기억으로 넘어가기 위한 가장 효율적인 수단을 맞춤 적용합니다. 더해 이미 알고 있는 어휘는 더욱 공고히 한 번 더 '다지기'과정을 통해 장기기억으로 남게 합니다.

막판 뒤집기는 입실 전 준비해 시험장에서 폭발적으로 여러분의 성적을 만들어줄 가장 중요한 바탕이자 무기입니다. 지금까지의 수험 기간에서 어휘는 말 그대로 '애증의 대상'이었습니다. 그 중요성은 공감하나, 손이 가지 않던 그런 '대상'이었습니다. 그래서 지금 이 시점, 여러분의 성적을 가시화할 수 있는 '막판 뒤집기'단계를 함께 할 수 있어 영광입니다. 지금까지의 당신의 노력이 반드시 결과를 낼 수 있도록 끝까지 '뒤집기'를 함께 하겠습니다.

수험생 여러분에게 경의를 표합니다.

성정혜

교재 특징

❶ 공무원 영어 전영역 핵심 어휘, 이디엄 수록
공무원 영어 시험 전영역에 꼭 필요한 필수 어휘, 구동사, 관용표현, 생활영어 핵심 표현을 수록하였습니다. 막판 뒤집기를 통해 공무원 영어 전 영역의 기반을 다시 한 번 점검하고 다질 수 있습니다.

❷ 암기 부담을 최소화하는 「3단계 테스트」 시스템
'아는 것'과 '모르는 것'을 확실하게 구분하고 '모르는 것' 위주로 보완할 수 있도록 「선 테스트 후 암기」 시스템으로 구성되었습니다. 객관식, OX 테스트를 통해 아는 것과 모르는 것을 구분해 암기 부담을 최소화하고, 어휘를 학습한 후에는 주관식 테스트로 마지막 점검을 할 수 있도록 구성하였습니다. 「3단계 테스트」를 통해 모르는 어휘 위주로 효과적인 학습을 할 수 있습니다.

❸ 실제 시험지와 동일한 폰트 사용
시험장에서 단어를 눈에 익도록 하기 위해 실제 시험지와 동일한 폰트를 사용하였습니다. 내가 공부한 단어와 시험장에서 마주하게 될 단어의 유격을 최소화할 수 있습니다.

ⅼ 교재 표기법

표기	의미	예시
[ ]	대체할 수 있는 표현	screw[mess] up → screw up 또는 mess up 가능
( )	생략할 수 있는 표현	in case (of) → in case of 또는 in case 가능
sb.	somebody / 사람	drop sb. a line → drop somebody a line
sth.	something / 사물	have sth. to do with → have something to do with

교재 구성

▌Daily 학습 구성

- 전 영역을 효율적으로 꾸준히 공부할 수 있는 **25일** 학습 구성
- Day 별 어휘 **75개**, 이디엄(숙어, 관용표현) **48개** 학습
- 객관식, OX, 주관식으로 구성된 **3단계** 테스트 수록 **6페이지 교재 활용법 참고**

❶ 막판 테스트

- **객관식 → OX → 주관식 테스트**로 이어지는 암기 시스템
- 어휘 막판 테스트: **실제 시험에 최적화된 유의어 찾기** 문항 구성
- 이디엄 막판 테스트: **문법 관용표현, 독해 문항에 대비**할 수 있도록 의미 중심 테스트 구성
- 반드시 알아야 할 최빈출, 최중요 어휘와 이디엄을 객관식 문항의 **표제어와 정답 선지로 제시해 학습 부담 완화**

❷ 막판 체크

- 문제풀이 후 어휘를 찾는 **번거로움 없이 바로 학습**할 수 있도록 문항별 어휘 정리
- **최근 출제 트렌드**에 맞는 기출, 출제 예상 데이터 수록
- OX 테스트와 주관식 테스트를 통해 어휘의 의미를 상기시키는 학습으로 **어휘 빈칸 문항과 독해 문항 대비**

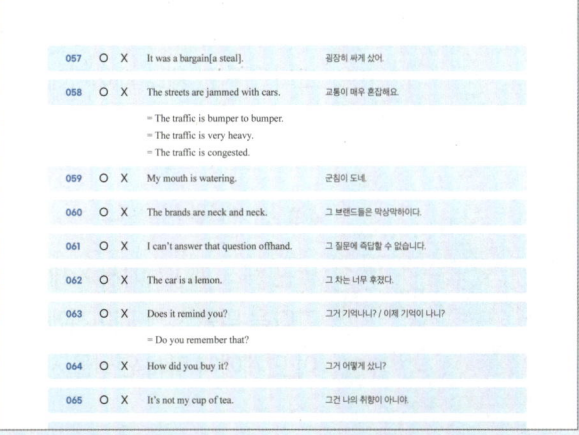

❸ 생활영어 막판 뒤집기

- **빈칸형, 대화형 문항 모두 대비**할 수 있는 핵심 생활영어 표현 340여 개 수록
- 효율적인 학습을 위한 **동의 표현 정리**
- 빈칸형 문항 대비를 위한 **상황별 표현 명시**
- **개인별 학습이 필요한 표현을 선별**하기 위한 OX 테스트 구성

교재 활용법: 「3단계 테스트」

1단계 테스트	**❶ 첫 번째 테스트** 막판 테스트 페이지에 제시된 테스트를 보고 하단 정답을 참고해 채점한다. 모르는 어휘를 확실하게 구분하기 위해 문항 당 풀이 시간은 5초로 제한하고 사전이나 막판 체크 페이지의 내용은 참고하지 않는다.
2단계 테스트	**❷ 두 번째 테스트** 첫 번째 테스트에서 틀린 어휘에 집중해 어휘 막판 체크 페이지를 암기하거나 강의를 수강한다. 그다음 막판 체크 페이지에 제시된 어휘의 뜻을 가리고 다시 한 번 뜻을 되뇌어 본다. 이 단계에서 연필을 사용해 암기된 어휘는 O, 암기가 되지 않은 어휘는 X로 체크한다.
3단계 테스트	**❸ 세 번째 테스트** 막판 체크 페이지에서 X 체크한 어휘를 다시 한 번 집중적으로 학습한다. 그다음 막판 체크 페이지에 제시된 어휘의 뜻을 가리고 ❸에 마무리 주관식 테스트를 진행한다. 이 단계에서 다시 연필을 사용해 암기된 어휘는 O, 암기가 되지 않은 어휘는 X로 교체한다.
X어휘는 어떻게?	마무리 테스트에서도 암기가 되지 않은 X어휘는 주 1회 다시 암기한다. 세 번의 테스트를 통해서도 X어휘인 어휘는 특히나 여러번 눈에 익혀야 한다. 특히 시험 1주일 전에는 X어휘 위주로 빠르게 훑어본다.

목차

막판 뒤집기 Day 01 — 8	**막판 뒤집기 Day 14** — 86
막판 뒤집기 Day 02 — 14	**막판 뒤집기 Day 15** — 92
막판 뒤집기 Day 03 — 20	**막판 뒤집기 Day 16** — 98
막판 뒤집기 Day 04 — 26	**막판 뒤집기 Day 17** — 104
막판 뒤집기 Day 05 — 32	**막판 뒤집기 Day 18** — 110
막판 뒤집기 Day 06 — 38	**막판 뒤집기 Day 19** — 116
막판 뒤집기 Day 07 — 44	**막판 뒤집기 Day 20** — 122
막판 뒤집기 Day 08 — 50	**막판 뒤집기 Day 21** — 128
막판 뒤집기 Day 09 — 56	**막판 뒤집기 Day 22** — 134
막판 뒤집기 Day 10 — 62	**막판 뒤집기 Day 23** — 140
막판 뒤집기 Day 11 — 68	**막판 뒤집기 Day 24** — 146
막판 뒤집기 Day 12 — 74	**막판 뒤집기 Day 25** — 152
막판 뒤집기 Day 13 — 80	**생활영어 막판 뒤집기** — 160

DAY 01 어휘 막판 테스트

Q. 주어진 어휘와 의미가 가장 가까운 것을 고르시오.

01 brief
① steep   ② concise
③ insufficient   ④ disparate

02 deceive
① impair   ② speculate
③ swindle   ④ discern

03 circumspect
① cautious   ② intuitive
③ lethal   ④ superb

04 repeal
① commend   ② unearth
③ synthesize   ④ cancel

05 vain
① fertile   ② futile
③ despicable   ④ covert

06 condemn
① vary   ② applaud
③ censure   ④ prevent

07 brutal
① cruel   ② tranquil
③ ceaseless   ④ huge

08 consistent
① extra   ② congruous
③ haphazard   ④ intimate

09 greedy
① hardy   ② insatiable
③ tolerant   ④ compulsory

10 magnify
① enlarge   ② proscribe
③ enervate   ④ dictate

11 endure
① diverge   ② retaliate
③ bear   ④ distribute

12 beg
① disappear   ② convene
③ implore   ④ contemplate

13 reinforce
① spur   ② strengthen
③ deliver   ④ desert

14 adept
① stingy   ② abnormal
③ hostile   ④ proficient

15 ignore
① achieve   ② disregard
③ display   ④ annihilate

정답   01 ②   02 ③   03 ①   04 ④   05 ②   06 ③   07 ①   08 ②   09 ②   10 ①   11 ③   12 ③   13 ②   14 ④   15 ②

DAY 01 어휘 막판 체크

01				
01	O	X	brief	간결한, 간단한
	O	X	steep	가파른, (가격, 요구 등이) 터무니없는
	O	X	concise	간결한, 간단한
	O	X	insufficient	불충분한
	O	X	disparate	서로 다른, 이질적인
02	O	X	deceive	속이다, 현혹시키다, 사기치다
	O	X	impair	손상시키다, 악화시키다
	O	X	speculate	숙고하다, 추측하다, 투기하다
	O	X	swindle	속이다, 사취하다, 사기치다
	O	X	discern	식별하다, 분간하다, 깨닫다
03	O	X	circumspect	조심성 있는, 신중한
	O	X	cautious	조심스러운, 신중한
	O	X	intuitive	직관의, 직관력 있는
	O	X	lethal	죽음의, 치명적인
	O	X	superb	최고의, 최상의, 대단히 훌륭한
04	O	X	repeal	취소하다, 무효화하다
	O	X	commend	칭찬하다, 칭송하다
	O	X	unearth	발굴하다, 밝혀내다
	O	X	synthesize	합성하다, 종합하다
	O	X	cancel	취소하다, 무효화하다
05	O	X	vain	헛된, 무익한, 자만심이 강한
	O	X	fertile	비옥한, 다산의, 풍부한
	O	X	futile	헛된, 소용없는
	O	X	despicable	비열한, 야비한
	O	X	covert	비밀의, 은밀한
06	O	X	condemn	비난하다, 모욕하다
	O	X	vary	바꾸다, 변경하다, 변화하다
	O	X	applaud	박수치다, 칭찬하다
	O	X	censure	비난하다, 질책하다
	O	X	prevent	막다, 예방하다, 방지하다, 방해하다
07	O	X	brutal	냉혹한, 잔혹한
	O	X	cruel	냉혹한, 잔혹한
	O	X	tranquil	고요한, 평온한
	O	X	ceaseless	끊임없는
	O	X	huge	거대한, 막대한, 엄청난

DAY 01

#	O/X	Word		Meaning
08	O X	consistent		일치하는, 조화로운
	O X	extra		추가의, 여분의; 여분의 것
	O X	congruous		일치하는, 조화로운
	O X	haphazard		우연의, 무계획의; 우연
	O X	intimate		친밀한, 사적인; 암시하다
09	O X	greedy		탐욕스러운, 욕심 많은
	O X	hardy		튼튼한, 대담한
	O X	insatiable		탐욕스러운, 만족할 줄 모르는
	O X	tolerant		관대한, 내성이 있는
	O X	compulsory		필수적인, 의무적인
10	O X	magnify		확대하다, 과장하다
	O X	enlarge		확대하다, 확장하다
	O X	proscribe		금지하다
	O X	enervate		기력을 빼앗다
	O X	dictate		받아쓰게 하다, 명령하다, 영향을 미치다
11	O X	endure		견디다, 참다, 지속되다
	O X	diverge		갈라지다, 나뉘다, 일탈하다
	O X	retaliate		보복하다
	O X	bear		견디다, 참다
	O X	distribute		분배하다, 유통시키다, 분포시키다
12	O X	beg		간청하다, 요청하다
	O X	disappear		사라지다, 소멸하다
	O X	convene		소집하다, 회합하다
	O X	implore		간청하다, 애원하다
	O X	contemplate		숙고하다
13	O X	reinforce		강화하다, 보강하다
	O X	spur		박차를 가하다, 자극하다; 박차, 자극
	O X	strengthen		강화하다, 튼튼하게 하다
	O X	deliver		배달하다, 넘겨주다, (연설을) 하다
	O X	desert		버리다, 떠나다; 사막
14	O X	adept		능숙한, 숙달한
	O X	stingy		인색한, 쩨쩨한
	O X	abnormal		이상한, 기이한
	O X	hostile		적대적인, 반대하는, 불리한, 부적당한
	O X	proficient		능숙한
15	O X	ignore		무시하다, 못 본 척하다
	O X	achieve		이루다, 성취하다, 달성하다
	O X	disregard		무시하다; 무시
	O X	display		전시하다, 나타내다; 전시, 표시
	O X	annihilate		전멸시키다, 무효화하다

DAY 01 이디엄 막판 테스트

학습 날짜 : _____ 맞은 개수 : _____

Q. 주어진 의미와 가장 가까운 것을 고르시오.

01 ~을 다루다, 처리하다
① care for   ② dispose of
③ deal with   ④ carry on

02 ~을 고려하다
① make off   ② allow for
③ stick to   ④ go into

03 ~을 막다, 저지하다, 회피하다
① head off   ② run across
③ single out   ④ throw away

04 ~을 보상하다, 보전하다
① make up to   ② go along with
③ make up for   ④ keep track of

05 ~을 복습하다
① do away with   ② add up to
③ take account of   ④ brush up on

06 ~을 생각해내다, 제시하다
① make up with   ② come up with
③ look up to   ④ give over to

07 부유한, 유복한
① all thumbs
② well off
③ down and out
④ as deep as a well

08 식은 죽 먹기
① a lemon
② a wild dream
③ a piece of cake
④ the apple of one's eye

09 참견하다
① fly off the handle
② beat a dead horse
③ cost an arm and a leg
④ stick one's nose in

10 영원히
① for good
② in a nutshell
③ all of a sudden
④ for nothing

11 얼굴을 찌푸리다, 침울한 표정을 짓다
① save face
② take sth. at face value
③ make a face
④ keep a straight face

12 안절부절못하다, 안달하다
① have one's hands full
② have a heart of gold
③ have a big mouth
④ have butterflies in the stomach

정답 01 ③ 02 ② 03 ① 04 ③ 05 ④ 06 ② 07 ② 08 ③ 09 ④ 10 ① 11 ③ 12 ④

DAY 01 이디엄 막판 체크

회독 체크 ○○○○○

01	O X	care for		~을 보살피다, 돌보다
	O X	dispose of		~을 없애다, 처리하다
	O X	deal with		~을 다루다, 처리하다
	O X	carry on		~을 계속하다
02	O X	make off		급히 떠나다, 달아나다
	O X	allow for		~을 고려하다
	O X	stick to		~을 고수하다, 계속하다
	O X	go into		~에 들어가다, 들이받다, ~하기 시작하다
03	O X	head off		~을 막다, 저지하다, 회피하다
	O X	run across		~을 우연히 마주치다
	O X	single out		~을 선발하다, 선정하다, 뽑아내다
	O X	throw away		~을 버리다, (재산, 기회 등을) 날리다
04	O X	make up to		~에 아첨하다, 알랑거리다
	O X	go along with		~을 찬성하다, 동의하다, 동조하다
	O X	make up for		~을 보상하다, 보전하다
	O X	keep track of		~을 기록하다, 자국을 뒤밟다, 놓치지 않도록 하다
05	O X	do away with		~을 버리다, 처분하다, 폐지하다, 죽이다
	O X	add up to		합계가 ~이 되다
	O X	take account of		~을 고려하다
	O X	brush up on		~을 복습하다
06	O X	make up with		~와 화해하다
	O X	come up with		~을 생각해내다, 제시하다
	O X	look up to		~을 존경하다, 우러러보다
	O X	give over to		~을 양도하다, 몰두하다
07	O X	all thumbs		서투른
	O X	well off		부유한, 유복한
	O X	down and out		빈털터리인
	O X	as deep as a well		이해하기 어려운
08	O X	a lemon		품질이 좋지 않은 물건
	O X	a wild dream		허황된 생각
	O X	a piece of cake		식은 죽 먹기
	O X	the apple of one's eye		아주 소중한 사람
09	O X	fly off the handle		화내다
	O X	beat a dead horse		헛수고하다, 뒷북 치다
	O X	cost an arm and a leg		큰돈이 들다
	O X	stick one's nose in		참견하다

10	O X	for good (and all)		영원히	
	O X	in a nutshell		간단히 말하면, 한마디로	
	O X	all of a sudden		갑자기	
	O X	for nothing		공짜로, 헛되이	
11	O X	save[keep] (one's) face		체면을 세우다	
	O X	take[accept] sth. at[on] face value		액면 그대로 받아들이다	
	O X	make[pull] a face		얼굴을 찌푸리다, 침울한 표정을 짓다	
	O X	keep a straight face		웃음을 참고 표정 관리하다	
12	O X	have one's hands full		아주 바쁘다, 손이 비어 있지 않다	
	O X	have a heart of gold		상냥하고 친절하다	
	O X	have a big mouth		큰 소리로 말하다, 입이 가볍다	
	O X	have[get] butterflies in the stomach		안절부절못하다, 안달하다	

DAY 02 어휘 막판 테스트

학습 날짜 : _____   맞은 개수 : _____

Q. 주어진 어휘와 의미가 가장 가까운 것을 고르시오.

01 pertinent
① adroit   ② dazzling
③ moral   ④ relevant

02 eminent
① inscrutable   ② ample
③ prominent   ④ abundant

03 devastate
① circumvent   ② destroy
③ identify   ④ hasten

04 pervade
① permeate   ② mollify
③ inhibit   ④ forsake

05 laborious
① sparse   ② arduous
③ sincere   ④ legitimate

06 passionate
① shallow   ② harmless
③ substantial   ④ ardent

07 alleviate
① congratulate   ② perplex
③ relieve   ④ waste

08 suppress
① stifle   ② elude
③ cooperate   ④ plummet

09 commence
① bump   ② rescind
③ scramble   ④ begin

10 deputy
① raid   ② surrogate
③ uproar   ④ deviation

11 persistent
① tenacious   ② gigantic
③ coarse   ④ remote

12 ameliorate
① perturb   ② improve
③ emerge   ④ expel

13 introverted
① unconcerned   ② reserved
③ independent   ④ derelict

14 thrive
① reiterate   ② flourish
③ accumulate   ④ undertake

15 imitate
① trigger   ② arouse
③ hinder   ④ emulate

정답 01 ④ 02 ③ 03 ② 04 ① 05 ② 06 ④ 07 ③ 08 ① 09 ④ 10 ② 11 ① 12 ② 13 ② 14 ② 15 ④

DAY 02 어휘 막판 체크

회독 체크 ○○○○○

01	O X	pertinent		관련된, 적절한
	O X	adroit		교묘한, 손재주가 있는, 기민한
	O X	dazzling		눈부신, 현혹시키는
	O X	moral		도덕적인
	O X	relevant		관련된, 적절한
02	O X	eminent		저명한, 탁월한
	O X	inscrutable		헤아릴 수 없는, 수수께끼 같은
	O X	ample		충분한, 풍부한, 넓은
	O X	prominent		저명한, 두드러진
	O X	abundant		풍부한, 풍족한
03	O X	devastate		완전히 파괴하다, 황폐시키다, 압도하다
	O X	circumvent		피하다
	O X	destroy		파괴하다, 멸하다
	O X	identify		확인하다, 동일시하다
	O X	hasten		서둘러 하다, 재촉하다
04	O X	pervade		스며들다, 만연하다
	O X	permeate		스며들다, 퍼지다
	O X	mollify		완화시키다, 달래다
	O X	inhibit		억제하다, 방해하다, 금하다
	O X	forsake		저버리다, 그만두다
05	O X	laborious		힘든
	O X	sparse		희박한, 드문드문한, 부족한
	O X	arduous		힘든, 끈기 있는, 가파른
	O X	sincere		진실의, 진짜의
	O X	legitimate		정당한, 타당한, 합법적인
06	O X	passionate		열정적인, 열렬한
	O X	shallow		얕은, 피상적인
	O X	harmless		무해한, 악의 없는
	O X	substantial		상당한, 실제적인, 튼튼한
	O X	ardent		열정적인, 열렬한
07	O X	alleviate		완화하다, 경감하다
	O X	congratulate		축하하다, 기뻐하다
	O X	perplex		당황시키다, 혼란시키다
	O X	relieve		완화하다, 덜다, 안심시키다
	O X	waste		낭비하다, 허비하다, 놓치다, 황폐하게 하다

08	O	X	suppress		억압하다, 진압하다
	O	X	stifle		억누르다, 억압하다, 질식시키다
	O	X	elude		피하다, 이해할 수 없다
	O	X	cooperate		협력하다, 협조하다
	O	X	plummet		급락하다
09	O	X	commence		시작하다, 착수하다
	O	X	bump		충돌하다, 쫓아내다
	O	X	rescind		폐지하다, 철회하다
	O	X	scramble		재빨리 움직이다, 앞다투다
	O	X	begin		시작하다
10	O	X	deputy		대리인, 의원; 대리의
	O	X	raid		공격, 침입
	O	X	surrogate		대리인
	O	X	uproar		대소동, 소란
	O	X	deviation		일탈, 탈선
11	O	X	persistent		집요한, 끈질긴, 끊임없이 지속되는
	O	X	tenacious		집요한, 완강한, 고집이 센
	O	X	gigantic		거대한, 막대한
	O	X	coarse		조잡한, 결이 거친, 외설적인
	O	X	remote		(거리가) 먼, 원격의, 외딴
12	O	X	ameliorate		개선하다, 개량하다
	O	X	perturb		혼란시키다, 교란하다
	O	X	improve		개선하다, 향상시키다
	O	X	emerge		나타나다, 드러나다
	O	X	expel		내쫓다, 추방하다, 방출하다
13	O	X	introverted		내성적인, 내향적인
	O	X	unconcerned		무심한, 무관심한, 흥미 없는
	O	X	reserved		내성적인, 보류한, 예약한, 제한된
	O	X	independent		독립된, 독립적인
	O	X	derelict		버려진, 유기된
14	O	X	thrive		번영하다, 번성하다, 무성해지다
	O	X	reiterate		반복하다
	O	X	flourish		번영하다, 번창하다
	O	X	accumulate		모으다, 모이다, 축적하다
	O	X	undertake		맡다, 착수하다
15	O	X	imitate		모방하다, 흉내 내다
	O	X	trigger		발사하다, 유발하다; 방아쇠, 계기
	O	X	arouse		불러일으키다, (잠에서) 깨우다, 자극하다
	O	X	hinder		방해하다, 저지하다, 막다
	O	X	emulate		모방하다

DAY 02 이디엄 막판 테스트

학습 날짜 : _____ 맞은 개수 : _____

Q. 주어진 의미와 가장 가까운 것을 고르시오.

01 ~에 익숙하다

① be opposed to   ② be immune to
③ be accustomed to   ④ be fed up with

02 ~을 준수하다, 따르다

① comply with   ② put across
③ hit upon   ④ turn off

03 ~을 제외시키다, 불가능하게 하다

① count on   ② rule out
③ look over   ④ come off

04 ~을 의지하다, 의존하다, 믿다

① wink at   ② break out
③ refer to   ④ rely on

05 ~을 설명하다, 차지하다, 원인이 되다

① screw up   ② account for
③ pore over   ④ settle down

06 ~을 다 써버리다, 달아나다, 추방하다

① come down with   ② run out of
③ break up with   ④ get down to

07 (비밀을) 무심코 말해 버리다

① spill the beans
② drop the ball
③ picture to oneself
④ go up in the world

08 ~에 관해서는, ~면에서

① in spite of
② in favor of
③ in terms of
④ in case of

09 요령을 알다

① hit the books
② eat humble pie
③ know the ropes
④ deliver on one's promises

10 ~와 관계가 있다

① have an impact on
② have an eye to
③ have no bearing on
④ have sth. to do with

11 ~에 참가하다

① give vent to
② boil down to
③ get even with
④ take part in

12 행운을 빌다, 좋은 결과를 빌다

① keep close tabs on
② keep a low profile
③ keep good time
④ keep one's fingers crossed

정답 01 ③ 02 ① 03 ② 04 ④ 05 ② 06 ② 07 ① 08 ③ 09 ③ 10 ④ 11 ④ 12 ④

DAY 02 이디엄 막판 체크

			이디엄		뜻
01	O	X	be opposed to		~에 반대하다
	O	X	be immune to		~의 영향을 받지 않다, ~의 면역이 되다
	O	X	be accustomed to		~에 익숙하다
	O	X	be fed up with		~에 물리다, 싫증나다
02	O	X	comply with		~을 준수하다, 따르다
	O	X	put across		~을 잘 해내다, 속이다, 이해시키다
	O	X	hit upon		~을 생각해내다, ~을 떠올리다
	O	X	turn off		(수도, 가스 등을) 잠그다, (전기, 기계 등을) 끄다, 신경을 끊다
03	O	X	count on		~을 믿다, 의지하다, 확신하다
	O	X	rule out		~을 제외시키다, 불가능하게 하다
	O	X	look over		~을 대강 훑어보다, 유심히 보다
	O	X	come off		~을 끝내다, 떨어지다, 이루어지다
04	O	X	wink at		~을 못 본 체하다, 눈감아주다
	O	X	break out		발생하다, 갑자기 ~ 하기 시작하다
	O	X	refer to		~을 언급하다, 관련 있다, 문의하다
	O	X	rely on		~을 의지하다, 의존하다, 믿다
05	O	X	screw[mess] up		~을 엉망으로 만들다, 다 망치다
	O	X	account for		~을 설명하다, 차지하다, 원인이 되다
	O	X	pore over		~을 자세히 조사하다, 세세히 보다
	O	X	settle down		~를 진정시키다, 편안히 앉다[눕다], 정착하다
06	O	X	come down with		(병에) 걸리다
	O	X	run out of		~을 다 써버리다, 달아나다, 추방하다
	O	X	break up with		~와 헤어지다
	O	X	get down to		~에 내리다, 대처하다, 착수하다
07	O	X	spill the beans		(비밀을) 무심코 말해 버리다
	O	X	drop the ball		실수로 망치다
	O	X	picture to oneself		상상하다
	O	X	go up in the world		성공하다, 출세하다
08	O	X	in spite of		결국, ~에도 불구하고
	O	X	in favor of		~에 찬성[지지]하여, ~을 위하여
	O	X	in terms of		~에 관해서는, ~면에서
	O	X	in case (of)		~의 경우에

09	O X	hit the books		열심히 공부하다, 벼락치기 공부하다	
	O X	eat humble pie		잘못을 인정하다, 모욕을 참다	
	O X	know the ropes		요령을 알다	
	O X	deliver on one's promises		약속을 이행하다	
10	O X	have an impact[effect] on		~에 영향을 미치다	
	O X	have an eye to		~에 눈독을 들이다, 주의하다	
	O X	have no bearing on		~와 관계가 없다	
	O X	have sth. to do with		~와 관계가 있다	
11	O X	give vent to		(감정, 분통을) 터뜨리다	
	O X	boil down to		~으로 요약하다, 결국 ~이 되다	
	O X	get even with		~에 앙갚음하다	
	O X	take part in		~에 참가하다	
12	O X	keep (close) tabs on		~을 예의 주시하다	
	O X	keep a low profile		저자세를 취하다, 두드러지지 않다	
	O X	keep good time		시간이 잘 맞다	
	O X	keep[have] one's fingers crossed		행운을 빌다, 좋은 결과를 빌다	

DAY 02

DAY 03 어휘 막판 테스트

학습 날짜: _____ 맞은 개수: _____

Q. 주어진 어휘와 의미가 가장 가까운 것을 고르시오.

01 mysterious
① enigmatic   ② replete
③ hollow   ④ insane

02 loquacious
① worthless   ② talkative
③ dreadful   ④ approximate

03 abhor
① abominate   ② transform
③ congregate ④ recall

04 malevolent
① impetuous   ② spiteful
③ ambivalent ④ swift

05 attenuate
① weaken   ② disappoint
③ lure   ④ condense

06 consecutive
① cardinal   ② prompt
③ paramount   ④ successive

07 brave
① friendly   ② merry
③ curious   ④ courageous

08 accidental
① solitary   ② permanent
③ fortuitous ④ splendid

09 violate
① pause   ② dilute
③ disobey   ④ adapt

10 perilous
① subordinate ② dangerous
③ occupational ④ nimble

11 meticulous
① nasty   ② scrupulous
③ agreeable   ④ generous

12 delay
① contend   ② refuse
③ incense   ④ postpone

13 frank
① occasional ② extinct
③ candid   ④ reluctant

14 contention
① dispute   ② intake
③ predicament ④ hygiene

15 immediately
① instantly   ② desperately
③ briskly   ④ abruptly

정답 01 ① 02 ② 03 ① 04 ② 05 ① 06 ④ 07 ④ 08 ③ 09 ③ 10 ② 11 ② 12 ④ 13 ③ 14 ① 15 ①

DAY 03 어휘 막판 체크

회독 체크 ○○○○○

01	O X	mysterious		불가사의한, 신비한, 이상한
	O X	enigmatic		불가사의한, 수수께끼 같은
	O X	replete		가득한, 충분한, 포식한
	O X	hollow		(속이) 빈, 오목한, 공허한; 움푹한 곳
	O X	insane		미친, 정신 이상의
02	O X	loquacious		수다스러운, 말이 많은
	O X	worthless		가치 없는, 무익한
	O X	talkative		수다스러운, 말이 많은
	O X	dreadful		끔찍한, 무시무시한
	O X	approximate		근접한, 대략의; 가까워지다
03	O X	abhor		싫어하다, 혐오하다
	O X	abominate		싫어하다, 혐오하다
	O X	transform		변형시키다, 바꾸다, 전환하다
	O X	congregate		모으다, 모이다
	O X	recall		상기하다, 생각나게 하다, 소환하다, 취소하다
04	O X	malevolent		악의 있는, 악의적인, 유해한
	O X	impetuous		성급한, 충동적인
	O X	spiteful		악의적인, 짓궂은
	O X	ambivalent		상반되는 감정을 가진, 상극인
	O X	swift		신속한, 빠른
05	O X	attenuate		약화시키다, 희석시키다
	O X	weaken		약화시키다, 약해지다
	O X	disappoint		실망시키다
	O X	lure		유혹하다; 유혹, 미끼
	O X	condense		응축하다, 요약하다
06	O X	consecutive		연속적인, 논리가 일관된
	O X	cardinal		중요한, 기본적인, 진홍색의
	O X	prompt		즉석의, 신속한; 자극하다, 촉구하다
	O X	paramount		최고의, 주요한
	O X	successive		연속적인, 연이은
07	O X	brave		용감한, 대담한
	O X	friendly		친절한, 우호적인
	O X	merry		쾌활한
	O X	curious		호기심이 많은, 궁금한, 별난
	O X	courageous		용감한

08	O X	accidental		우연한, 부수적인
	O X	solitary		혼자의, 외로운
	O X	permanent		영구적인
	O X	fortuitous		우연한, 뜻밖의, 행운의
	O X	splendid		화려한, 훌륭한
09	O X	violate		위반하다, 침해하다, 모독하다
	O X	pause		중단하다, 잠시 멈추다
	O X	dilute		희석하다, 약화시키다
	O X	disobey		위반하다, 불복종하다
	O X	adapt		적응시키다, 개조하다, 순응하다
10	O X	perilous		위험한
	O X	subordinate		종속적인, 부차적인
	O X	dangerous		위험한
	O X	occupational		직업의, 점령의
	O X	nimble		날렵한, 민첩한, 영리한
11	O X	meticulous		세심한, 꼼꼼한
	O X	nasty		끔찍한, 고약한, 심술궂은
	O X	scrupulous		세심한, 꼼꼼한, 양심적인, 도덕적인
	O X	agreeable		기분 좋은, 쾌적한, 적당한
	O X	generous		관대한, 너그러운, 넉넉한
12	O X	delay		미루다, 지연시키다; 지연
	O X	contend		주장하다, 다투다, 겨루다
	O X	refuse		거절하다
	O X	incense		격노하다, 향기를 풍기다; 향, 존경
	O X	postpone		연기하다, 미루다
13	O X	frank		솔직한, 노골적인
	O X	occasional		가끔의, 임시의, 우발적인
	O X	extinct		(불이) 꺼진, 멸종된, 소멸된
	O X	candid		솔직한, 직설적인
	O X	reluctant		꺼리는, 마지못한, 주저하는
14	O X	contention		논쟁, 언쟁, 견해
	O X	dispute		논쟁; 논쟁하다
	O X	intake		섭취(량)
	O X	predicament		곤경, 진퇴양난
	O X	hygiene		위생
15	O X	immediately		즉시, 즉각
	O X	instantly		즉시, 곧장
	O X	desperately		필사적으로, 절망적으로
	O X	briskly		활발하게, 씩씩하게
	O X	abruptly		갑자기

DAY 03 이디엄 막판 테스트

학습 날짜 : _____   맞은 개수 : _____

Q. 주어진 의미와 가장 가까운 것을 고르시오.

01 ~을 참다, 견디다
① put through   ② wind up
③ catch up with   ④ put up with

02 ~을 취소하다
① pass down   ② call down
③ call off   ④ look to

03 ~에 침입하다, 갑자기 ~하다
① break into   ② pull together
③ chance upon   ④ adhere to

04 (비밀을) 말하다, 누설하다
① let on   ② leave out
③ single out   ④ let down

05 ~을 얕보다, 업신여기다
① look back on   ② look down on
③ walk out on   ④ wait up for

06 ~와 잘 지내다
① cut back on   ② keep away from
③ catch sight of   ④ get along with

07 절차를 무시하다, 절약하다
① cut corners
② take action
③ hold one's tongue
④ get on one's nerves

08 결혼하다
① hold good
② tie the knot
③ bring home the bacon
④ come in handy

09 ~에 주의하다
① pay attention to
② lose hold of
③ make use of
④ take pride in

10 ~에게 찬사[경의]를 표하다
① have words with
② keep company with
③ pay tribute to
④ give birth to

11 때때로
① by rule of thumb
② from time to time
③ on no account
④ at least

12 좋을 때나 안 좋을 때나
① by leaps and bounds
② through thick and thin
③ on pins and needles
④ pros and cons

정답 01 ④ 02 ③ 03 ① 04 ① 05 ② 06 ④ 07 ① 08 ② 09 ① 10 ③ 11 ② 12 ②

DAY 03 이디엄 막판 체크

회독 체크 ○○○○○

01	O X	put through		(전화로) ~을 연결해 주다, 성사시키다
	O X	wind up		~을 마무리 짓다, (어떤 상황에) 처하게 되다
	O X	catch up with		~을 따라잡다, 따라가다, 체포하다
	O X	put up with		~을 참다, 견디다
02	O X	pass down		~을 물려주다, 전해주다
	O X	call down		~을 비난하다, 꾸짖다
	O X	call off		~을 취소하다
	O X	look to		~을 보살피다, 경계하다, 기대하다, 고려해 보다
03	O X	break into		~에 침입하다, 갑자기 ~하다
	O X	pull together		~을 협력하다, 함께 일하다
	O X	chance upon		~을 우연히 만나다, 이해되다
	O X	adhere to		~을 고수하다, 들러붙다
04	O X	let on		(비밀을) 말하다, 누설하다
	O X	leave out		~을 빼다, 생략하다, 무시하다
	O X	single out		~을 선발하다, 선정하다, 뽑아내다
	O X	let down		~을 실망시키다, 아래로 내리다
05	O X	look back on		~을 되돌아보다
	O X	look down on		~을 얕보다, 업신여기다
	O X	walk out on		~을 버리다, 포기하다
	O X	wait up for		~을 자지 않고 기다리다
06	O X	cut back on		~을 줄이다
	O X	keep away from		~을 멀리하다
	O X	catch sight of		~을 찾아내다, 흘끗 보다
	O X	get along with		~와 잘 지내다
07	O X	cut corners		절차를 무시하다, 절약하다
	O X	take action		조치를 취하다; 소송을 제기하다
	O X	hold one's tongue		잠자코 있다, 입 다물고 있다
	O X	get on one's nerves		신경을 건드리다
08	O X	hold good		옳다, 유효하다
	O X	tie the knot		결혼하다
	O X	bring home the bacon		밥벌이하다, 과업을 완수하다
	O X	come in handy		쓸모가 있다, 도움이 되다
09	O X	pay attention to		~에 주의하다
	O X	lose hold of		~을 붙잡은 것을 놓치다, ~에서 손을 떼다
	O X	make use of		~을 이용하다
	O X	take pride in		~를 자랑하다

10	O	X	have words with		~와 논쟁하다, 말다툼하다
	O	X	keep company with		~와 친해지다, ~와 사귀다
	O	X	pay tribute to		~에게 찬사[경의]를 표하다
	O	X	give birth to		(아이를) 낳다, ~을 일으키다
11	O	X	by rule of thumb		어림으로, 대충
	O	X	from time to time		때때로
	O	X	on no account		무슨 일이 있어도, 무슨 이유로든
	O	X	at (the) least		최소한, 적어도
12	O	X	by leaps and bounds		급속하게
	O	X	through thick and thin		좋을 때나 안 좋을 때나
	O	X	on pins and needles		초조하여, 조마조마해서, 안달하여
	O	X	pros and cons		찬반양론, 이불리, 장단점

DAY 03

DAY 04 어휘 막판 테스트

학습 날짜: _____ 맞은 개수: _____

Q. 주어진 어휘와 의미가 가장 가까운 것을 고르시오.

01 scold
① laud ② bound
③ forgo ④ rebuke

02 incessant
① implicit ② mighty
③ challenging ④ ceaseless

03 relentless
① coward ② spatial
③ harsh ④ indolent

04 assuage
① imprison ② disperse
③ soothe ④ concentrate

05 chaos
① breakthrough ② resilience
③ confusion ④ function

06 captivate
① lengthen ② enchant
③ terminate ④ drop

07 overt
① subsequent ② plain
③ intangible ④ foremost

08 ambiguous
① equivocal ② indigenous
③ genetic ④ inconsistent

09 scarcity
① shortage ② uprising
③ lethargy ④ outbreak

10 diligent
① shaky ② unconscious
③ industrious ④ sensitive

11 exacerbate
① submerge ② aggravate
③ uphold ④ debate

12 obviate
① select ② erode
③ disclose ④ remove

13 venerate
① cover ② accelerate
③ revere ④ negate

14 curtail
① reduce ② exert
③ establish ④ celebrate

15 serene
① preliminary ② absurd
③ calm ④ detrimental

정답 01 ④ 02 ④ 03 ③ 04 ③ 05 ③ 06 ② 07 ② 08 ① 09 ① 10 ③ 11 ② 12 ④ 13 ③ 14 ① 15 ③

DAY 04 어휘 막판 체크

회독 체크 ○○○○○

			단어		뜻
01	O	X	scold		꾸짖다, 나무라다
	O	X	laud		칭찬하다, 칭송하다
	O	X	bound		튀어 오르다, 묶인; 튐, 경계
	O	X	forgo		포기하다, 보류하다, 무시하다
	O	X	rebuke		꾸짖다, 질책하다
02	O	X	incessant		끊임없는, 쉴 새 없는
	O	X	implicit		함축적인, 절대적인, 내재하는
	O	X	mighty		강한, 강력한
	O	X	challenging		힘든, 어려운
	O	X	ceaseless		끊임없는
03	O	X	relentless		냉혹한, 가차 없는, 집요한
	O	X	coward		겁이 많은; 겁쟁이
	O	X	spatial		공간의, 장소의
	O	X	harsh		냉혹한, 잔혹한, 가차 없는
	O	X	indolent		게으른, 나태한
04	O	X	assuage		누그러뜨리다, 완화하다
	O	X	imprison		투옥하다, 감금하다
	O	X	disperse		해산하다, 흩어지다, 확산시키다
	O	X	soothe		누그러뜨리다, 달래다, 진정시키다
	O	X	concentrate		집중하다, 전념하다
05	O	X	chaos		혼란, 혼돈
	O	X	breakthrough		돌파구
	O	X	resilience		회복력, 탄력, 탄성
	O	X	confusion		혼란, 혼동
	O	X	function		기능, 행사; 기능하다, 작용하다
06	O	X	captivate		매혹하다
	O	X	lengthen		길게 하다, 연장하다
	O	X	enchant		매혹하다, 마법을 걸다
	O	X	terminate		끝내다, 한정하다
	O	X	drop		떨어지다, 쓰러지다; 방울, 소량, 감소
07	O	X	overt		명백한, 분명한
	O	X	subsequent		그다음의, 차후의
	O	X	plain		명백한, 분명한, 평범한, 보통의
	O	X	intangible		만질 수 없는, 무형의, 막연한
	O	X	foremost		맨 앞의, 가장 중요한

08	O	X	ambiguous		모호한, 분명하지 않은
	O	X	equivocal		모호한, 애매한, 불분명한
	O	X	indigenous		토착의, 지역 고유의, 타고난
	O	X	genetic		유전의, 유전학의
	O	X	inconsistent		일치하지 않는, 조화되지 않는, 모순된, 일관성이 없는
09	O	X	scarcity		부족, 결핍
	O	X	shortage		부족, 결핍
	O	X	uprising		반란, 폭동
	O	X	lethargy		무기력 (상태)
	O	X	outbreak		발생
10	O	X	diligent		부지런한, 근면한
	O	X	shaky		떨리는, 불안한
	O	X	unconscious		모르는, 의식을 잃은, 지각이 없는
	O	X	industrious		부지런한, 근면한
	O	X	sensitive		민감한
11	O	X	exacerbate		악화시키다, 화나게 하다
	O	X	submerge		잠수하다, 물속에 잠기다, 은폐하다
	O	X	aggravate		악화시키다, 화나게 하다
	O	X	uphold		지지하다, 유지하다, 떠받치다, 고무하다
	O	X	debate		토론하다, 숙고하다; 토론
12	O	X	obviate		제거하다, 배제하다
	O	X	select		선택하다, 선발하다
	O	X	erode		침식시키다, 약화시키다
	O	X	disclose		폭로하다, 드러내다
	O	X	remove		제거하다
13	O	X	venerate		존경하다, 숭배하다
	O	X	cover		가리다, 덮다, 감추다
	O	X	accelerate		가속화하다, 촉진하다
	O	X	revere		존경하다
	O	X	negate		무효화하다, 부인하다
14	O	X	curtail		줄이다, 수축하다
	O	X	reduce		줄이다, 감소시키다, 격하시키다
	O	X	exert		(권력을) 행사하다, 노력하다
	O	X	establish		설립하다, 수립하다
	O	X	celebrate		기념하다, 축하하다
15	O	X	serene		고요한, 침착한, 차분한
	O	X	preliminary		예비의, 임시의, 시초의
	O	X	absurd		터무니없는, 우스꽝스러운; 불합리
	O	X	calm		고요한, 침착한; 진정시키다; 진정, 침착함
	O	X	detrimental		해로운, 불리한

DAY 04 이디엄 막판 테스트

학습 날짜 : _____ 맞은 개수 : _____

Q. 주어진 의미와 가장 가까운 것을 고르시오.

01 ~을 닮다, 재빨리 쫓아가다
① get across ② resort to
③ take after ④ bring down

02 ~이 원인이 되다
① take in ② suffer from
③ result in ④ result from

03 ~에 일치하다, 부합하다
① answer for ② change into
③ correspond to ④ make for

04 ~을 갈망하다
① be subject to ② be equal to
③ be anxious for ④ be familiar to

05 ~을 이해하다, 계산하다, 알아내다
① figure out ② persist in
③ play upon ④ bring up

06 최첨단의, 최신식의
① all eyes ② under way
③ state-of-the-art ④ high-end

07 A를 B의 탓으로 돌리다
① attribute A to B
② know A from B
③ mistake A for B
④ impose A upon B

08 새 발의 피, 아주 적은 양
① one's duty
② the lion's share
③ a drop in the bucket
④ the name of the game

09 ~할 만큼 어리석지 않다
① think the world of
② know better than to
③ have an eye for
④ keep one's hands off

10 (일과를) 마치다, 그만두다
① call it a day
② make ends meet
③ beat around the bush
④ shed crocodile tears

11 들어본 적이 있는 것 같다
① ring a bell
② hold one's horses
③ go down the drain
④ walk on eggs

12 다음 기회로 미루다
① take a rain check
② lose one's temper
③ cut from the same cloth
④ straighten up and fly right

정답 01 ③ 02 ④ 03 ③ 04 ③ 05 ① 06 ③ 07 ① 08 ③ 09 ② 10 ① 11 ① 12 ①

DAY 04 이디엄 막판 체크

회독 체크 ○○○○○

01	O X	get across	~을 이해시키다, 횡단하다
	O X	resort to	~을 의지하다, 기대다
	O X	take after	~을 닮다, 재빨리 쫓아가다
	O X	bring down	~을 쓰러뜨리다, 낮추다
02	O X	take in	~을 받아들이다, 섭취하다, 포함하다
	O X	suffer from	(질병·고통·슬픔 등에) 시달리다, 고통받다
	O X	result in	그 결과 ~가 되다
	O X	result from	~이 원인이 되다
03	O X	answer for	~에 책임이 있다
	O X	change into	~으로 바꾸다, 갈아입다
	O X	correspond to[with]	~에 일치하다, 부합하다
	O X	make for	~로 향하다, 도움이 되다
04	O X	be subject to	~당하기 쉽다
	O X	be equal to	~을 감당할 능력이 있다
	O X	be anxious for	~을 갈망하다
	O X	be familiar to	~에게 익숙하다
05	O X	figure out	~을 이해하다, 계산하다, 알아내다
	O X	persist in	~을 고집하다
	O X	play upon[on]	(남의 감정 등을) 이용하다
	O X	bring up	~을 기르다, 제기하다
06	O X	all eyes	주목하는
	O X	under way	이미 시작된, 진행 중인
	O X	state-of-the-art	최첨단의, 최신식의
	O X	high-end	고급의
07	O X	attribute A to B	A를 B의 탓으로 돌리다
	O X	know[tell] A from B	A와 B를 구별하다
	O X	mistake A for B	A를 B로 잘못 보다
	O X	impose A upon[on] B	A를 B에게 강요하다
08	O X	one's duty	본분, 직책
	O X	the lion's share	가장 큰 몫, 가장 좋은 몫
	O X	a drop in the bucket[ocean]	새 발의 피, 아주 적은 양
	O X	the name of the game	가장 중요한 점, 본질

09	O X	think the world of		~을 몹시 존경하다, 칭찬하다, 좋아하다	
	O X	know better than to		~할 만큼 어리석지 않다	
	O X	have an eye for		~을 보는 눈이 있다	
	O X	keep one's hands off		~에 손대지 않다, ~에 간섭하지 않다	
10	O X	call it a day		(일과를) 마치다, 그만두다	
	O X	make (both) ends meet		겨우 먹고 살 만큼 벌다, 수지를 맞추다	
	O X	beat around the bush		돌려 말하다	
	O X	shed crocodile tears		거짓 눈물을 흘리다, 우는 흉내를 내다	
11	O X	ring a bell		들어본 적이 있는 것 같다	
	O X	hold one's horses		참다, 침착하다, 서두르지 않다	
	O X	go down the drain		헛수고하다, 파산하다, 과거 것이 되다	
	O X	walk[tread] on[upon] eggs[eggshells]		조심조심 걷다, 신중히 행동하다	
12	O X	take a rain check		다음 기회로 미루다	
	O X	lose one's temper[cool]		흥분하다, 화내다	
	O X	cut from the same cloth		매우 비슷한, 똑같은 부류인	
	O X	straighten up and fly right		행실을 고치다, 착실해지다	

DAY 04

DAY 05 어휘 막판 테스트

학습 날짜 : _____ 맞은 개수 : _____

Q. 주어진 어휘와 의미가 가장 가까운 것을 고르시오.

01 frivolous
① justifiable   ② trivial
③ pliable   ④ secondary

02 luxurious
① extrovert   ② intricate
③ itinerant   ④ sumptuous

03 amass
① undermine   ② menace
③ assemble   ④ reflect

04 precarious
① premature   ② forlorn
③ supplementary ④ uncertain

05 clumsy
① alarmed   ② awkward
③ uncomfortable ④ competent

06 exaggerate
① mitigate   ② dismantle
③ request   ④ overstate

07 sanguine
① optimistic   ② sterile
③ barbarous   ④ irrelevant

08 comply
① jettison   ② entreat
③ intensify   ④ obey

09 impolite
① nocturnal   ② immune
③ rude   ④ arrogant

10 faint
① different   ② dauntless
③ vague   ④ mutual

11 criminal
① anthropology ② culprit
③ upbringing   ④ metabolism

12 quintessential
① cynical   ② outdated
③ outrageous   ④ typical

13 apathetic
① indifferent   ② coercive
③ flammable   ④ eccentric

14 contrary
① servile   ② stellar
③ opposite   ④ improper

15 deride
① distort   ② yield
③ ridicule   ④ symbolize

정답 01 ② 02 ④ 03 ③ 04 ④ 05 ② 06 ④ 07 ① 08 ④ 09 ③ 10 ③ 11 ② 12 ④ 13 ① 14 ③ 15 ③

DAY 05 어휘 막판 체크

회독 체크 ○○○○○

01	O X	frivolous		하찮은, 경솔한, 시시한
	O X	justifiable		정당한, 타당한
	O X	trivial		하찮은, 사소한, 시시한, 평범한
	O X	pliable		유연한, 융통성 있는
	O X	secondary		제2의, 종속적인, 부차적인, 중등 교육의
02	O X	luxurious		호화로운, 사치스러운, 쾌적한, 풍부한
	O X	extrovert		외향적인; 외향적인 사람
	O X	intricate		얽힌, 복잡한, 난해한
	O X	itinerant		순회하는, 순회의
	O X	sumptuous		호화로운, 사치스러운, 값비싼
03	O X	amass		모으다, 축적하다
	O X	undermine		약화시키다, 밑을 파다
	O X	menace		위협하다, 협박하다; 협박, 위협
	O X	assemble		모으다, 집합시키다, 조립하다
	O X	reflect		심사숙고하다, 반사하다
04	O X	precarious		불확실한, 불안정한, 위태로운
	O X	premature		시기상조의, 조급한
	O X	forlorn		버림받은, 외로운, 희망을 잃은
	O X	supplementary		보충의, 추가의
	O X	uncertain		불확실한, 확신이 없는
05	O X	clumsy		서투른
	O X	alarmed		불안해하는, 경보장치가 달린
	O X	awkward		서투른, 어색한, 곤란한, 다루기 힘든
	O X	uncomfortable		불편한
	O X	competent		능숙한, 유능한
06	O X	exaggerate		과장하다, (병 등을) 악화시키다
	O X	mitigate		완화시키다, 달래다
	O X	dismantle		분해하다, 해체하다
	O X	request		신청하다, 요청하다; 부탁, 요청
	O X	overstate		과장하다
07	O X	sanguine		낙관적인, 자신감이 넘치는
	O X	optimistic		낙관적인
	O X	sterile		불모의, 살균한, 무익한
	O X	barbarous		미개한, 잔혹한
	O X	irrelevant		무관한, 상관없는

08	O	X	comply		따르다, 준수하다
	O	X	jettison		버리다, 폐기하다, 포기하다
	O	X	entreat		간청하다, 탄원하다
	O	X	intensify		강화하다, 격렬해지다
	O	X	obey		따르다, 순종하다, 복종하다
09	O	X	impolite		무례한, 버릇없는
	O	X	nocturnal		야행성의
	O	X	immune		면역성이 있는, ~의 영향을 받지 않는, ~이 면제되는
	O	X	rude		무례한, 버릇없는
	O	X	arrogant		거만한, 오만한
10	O	X	faint		희미한, 어렴풋한; 기절하다, 희미해지다
	O	X	different		다른, 별개의
	O	X	dauntless		겁 없는, 불굴의, 용감한
	O	X	vague		희미한, 모호한, 막연한
	O	X	mutual		상호 간의
11	O	X	criminal		범인, 범죄자; 범죄의
	O	X	anthropology		인류학
	O	X	culprit		범인
	O	X	upbringing		양육, 훈육
	O	X	metabolism		신진대사
12	O	X	quintessential		전형적인
	O	X	cynical		냉소적인, 부정적인
	O	X	outdated		구식의, 진부한
	O	X	outrageous		난폭한, 극악한, 터무니없는, 엉뚱한
	O	X	typical		전형적인, 대표적인, 상징적인
13	O	X	apathetic		무관심한, 냉담한
	O	X	indifferent		무관심한, 중요치 않은, 공평한, 평범한
	O	X	coercive		고압적인
	O	X	flammable		가연성의, 불에 잘 타는
	O	X	eccentric		별난, 이상한
14	O	X	contrary		정반대의, 역의
	O	X	servile		노예의, 아첨하는, 비굴한
	O	X	stellar		별의, 뛰어난
	O	X	opposite		정반대의, 역의
	O	X	improper		부적절한, 부당한, 잘못된
15	O	X	deride		비웃다, 조롱하다
	O	X	distort		비틀다, 왜곡하다
	O	X	yield		산출하다, 항복하다, 양도하다, 양보하다; 산출량
	O	X	ridicule		비웃다, 조롱하다; 조롱, 조소
	O	X	symbolize		상징하다

DAY 05 이디엄 막판 테스트

학습 날짜 : _____   맞은 개수 : _____

Q. 주어진 의미와 가장 가까운 것을 고르시오.

01 ~에 지원하다
① apply to   ② step down
③ apply for   ④ write down

02 ~을 삼가다
① lay up   ② refrain from
③ come from   ④ give out

03 ~을 풀다, 해결하다
① pay off   ② side with
③ look out   ④ hammer out

04 ~을 철저하게 조사하다
① use up   ② get at
③ delve into   ④ call up

05 ~을 연기하다, 미루다
① compensate for   ② put off
③ root up   ④ bring forth

06 ~을 숙고하다, 곰곰이 생각하다
① set back   ② mull over
③ wait on   ④ enter into

07 풋내기의, 경험 없는, 세상 모르는
① ill at ease
② not dry behind the ears
③ wet behind the ears
④ over the moon

08 더 이상 안 보이게 되다, 잊어버리다
① poke fun at
② get tired of
③ shed light on
④ lose sight of

09 고통을 견디다
① lose heart
② bite the bullet
③ get off the hook
④ walk on air

10 가까스로, 구사일생으로
① in no time
② by the skin of one's teeth
③ in hand
④ from scratch

11 ~의 책임을 지다
① take charge of
② be fond of
③ give way to
④ lose contact with

12 ~때문에
① in behalf of
② on account of
③ in respect of
④ in line with

정답   01 ③   02 ②   03 ④   04 ③   05 ②   06 ②   07 ③   08 ④   09 ②   10 ②   11 ①   12 ②

DAY 05 이디엄 막판 체크

회독 체크 ○○○○○

01				
	O X	apply to		~에 적용되다
	O X	step down		~을 내리다, 사직하다
	O X	apply for		~에 지원하다
	O X	write down		~을 기록하다
02	O X	lay up		~을 비축하다, 모으다
	O X	refrain from		~을 삼가다
	O X	come from		~의 출신이다, ~에서 생겨나다
	O X	give out		~을 나눠주다, 바닥이 나다, 정지하다
03	O X	pay off		~을 완전히 갚다, 성공하다, 결실을 맺다
	O X	side with		~의 편을 들다
	O X	look out		~을 경계하다
	O X	hammer out		~을 풀다, 해결하다
04	O X	use up		~을 다 써 버리다
	O X	get at		~에 도달하다, 잡다, 알게 되다
	O X	delve into		~을 철저하게 조사하다
	O X	call up		~을 불러내다, 상기시키다
05	O X	compensate for		~을 보상하다
	O X	put off		~을 연기하다, 미루다
	O X	root up		~을 뿌리 뽑다, 근절하다
	O X	bring forth		~을 낳다, 산출하다
06	O X	set back		~을 방해하다, 지연시키다, 역행하다, (비용이) 들다
	O X	mull over		~을 숙고하다, 곰곰이 생각하다
	O X	wait on		~을 시중들다, 기다리다
	O X	enter into		~을 시작하다, ~에 참가하다, 개입되다
07	O X	ill at ease		불편해하는
	O X	not dry behind the ears		풋내기의, 경험 없는, 세상 모르는
	O X	wet behind the ears		머리에 피도 안 마른
	O X	over the moon		너무나도 황홀한
08	O X	poke fun at		~을 조롱하다, 웃음거리로 삼다
	O X	get tired of		~에 싫증 나다
	O X	shed light on		~비추다, 밝히다, 해명하다
	O X	lose sight of		~이 더 이상 안 보이게 되다, ~을 잊어버리다
09	O X	lose heart		낙담하다, 자신감을 잃다
	O X	bite the bullet		고통을 견디다
	O X	get off the hook		곤경을 면하게 하다
	O X	walk on[upon] air		기뻐 날뛰다, 들뜨다

10	O	X	in no time		당장에, 즉시
	O	X	by the skin of one's teeth		가까스로, 구사일생으로
	O	X	in hand		수중에 있는, 장악하고 있는
	O	X	from scratch		맨 처음부터
11	O	X	take charge of		~의 책임을 지다
	O	X	be fond of		~을 좋아하다
	O	X	give way to		~에 항복하다, 양보하다, (감정에) 못 이기다, 대체되다
	O	X	lose contact with		~와 접촉[연락]이 끊기다
12	O	X	in behalf of		~을 대표하여, 대신하여, ~을 위하여
	O	X	on account of		~때문에
	O	X	in respect of		~에 관해서는, ~에 대한
	O	X	in line with		~와 비슷한, ~와 긴밀히 연결되도록

DAY 05

DAY 06 어휘 막판 테스트

Q. 주어진 어휘와 의미가 가장 가까운 것을 고르시오.

01 elucidate
① yearn   ② resent
③ vacillate ④ explain

02 imply
① eradicate ② interdict
③ insinuate ④ defy

03 ubiquitous
① incandescent ② unfair
③ omnipresent   ④ mild

04 rigorous
① evident ② sensible
③ strict   ④ reciprocal

05 inverse
① abstinent ② reverse
③ maladroit ④ immense

06 avid
① enthusiastic ② fruitful
③ clever   ④ immaculate

07 stubborn
① obstinate ② gentle
③ placid   ④ updated

08 obedient
① compliant ② unerring
③ last   ④ barren

09 prevalent
① nebulous   ② massive
③ hereditary ④ widespread

10 peculiar
① rapacious ② progressive
③ strange   ④ valid

11 anonymous
① hesitant ② nameless
③ staple   ④ inflexible

12 transient
① stupendous ② hidden
③ temporary   ④ sizable

13 stimulate
① inspire   ② corrode
③ preclude ④ mimic

14 unbiased
① void   ② impartial
③ lucid ④ mandatory

15 relinquish
① invalidate ② retard
③ renounce   ④ smash

정답 01 ④ 02 ③ 03 ③ 04 ③ 05 ② 06 ① 07 ① 08 ① 09 ④ 10 ③ 11 ② 12 ③ 13 ① 14 ② 15 ③

DAY 06 어휘 막판 체크

회독 체크 ○○○○○

01	O X	elucidate		설명하다, 해명하다
	O X	yearn		동경하다, 그리워하다, 열망하다
	O X	resent		분개하다
	O X	vacillate		동요하다, 망설이다, 진동하다
	O X	explain		설명하다, 해명하다
02	O X	imply		암시하다, 시사하다
	O X	eradicate		근절하다, 뿌리뽑다
	O X	interdict		금지하다, 방해하다; 금지
	O X	insinuate		암시하다, 환심을 사다
	O X	defy		무시하다, 도전하다, 반항하다; 도전, 반항
03	O X	ubiquitous		어디에나 있는, 편재(遍在)하는
	O X	incandescent		백열의, 빛나는, 열렬한
	O X	unfair		부당한, 불공평한
	O X	omnipresent		어디에나 있는, 편재(遍在)하는
	O X	mild		부드러운
04	O X	rigorous		엄격한, (기후 등이) 혹독한
	O X	evident		분명한, 눈에 띄는
	O X	sensible		분별 있는, 현명한, 느낄 수 있는
	O X	strict		엄격한, 정밀한, 완전한
	O X	reciprocal		상호 간의, 교류의
05	O X	inverse		역의, 반대의; 역, 반대
	O X	abstinent		금욕적인, 절제하는
	O X	reverse		역의, 정반대의
	O X	maladroit		서투른, 솜씨 없는
	O X	immense		엄청난, 어마어마한
06	O X	avid		열광적인, 열렬한, 열심인
	O X	enthusiastic		열광적인, 열렬한, 열심인
	O X	fruitful		생산적인, 유익한, 수확이 많이 나는
	O X	clever		영리한
	O X	immaculate		오점 없는, 완전한, 청결한
07	O X	stubborn		완고한, 고집 센, 다루기 힘든
	O X	obstinate		완고한, 고집 센
	O X	gentle		온화한, 순한
	O X	placid		차분한, 침착한
	O X	updated		최신의

08	O	X	obedient		유순한, 순종적인
	O	X	compliant		유순한, 순종적인
	O	X	unerring		틀림없는
	O	X	last		최후의, 최종의, 지난; 최후의 것; 계속하다, 견디다
	O	X	barren		헛된, 불모의, 척박한
09	O	X	prevalent		널리 퍼진, 유행하는
	O	X	nebulous		흐릿한, 모호한
	O	X	massive		크고 무거운, 대량의, 대규모의
	O	X	hereditary		유전적인, 세습되는
	O	X	widespread		널리 퍼진, 광범위한
10	O	X	peculiar		이상한, 기이한
	O	X	rapacious		탐욕스러운
	O	X	progressive		진행 중인
	O	X	strange		이상한, 낯선
	O	X	valid		타당한, 유효한
11	O	X	anonymous		익명의, 특색 없는
	O	X	hesitant		주저하는, 망설이는, 머뭇거리는
	O	X	nameless		익명의, 이름 없는
	O	X	staple		주된, 주요한; 주성분
	O	X	inflexible		융통성 없는, 신축성 없는, 완강한
12	O	X	transient		일시적인, 덧없는
	O	X	stupendous		엄청나게 큰, 거대한
	O	X	hidden		숨겨진, 숨은, 비밀의
	O	X	temporary		일시적인, 임시의
	O	X	sizable		상당한 크기의, 꽤 큰
13	O	X	stimulate		자극하다, 고무하다
	O	X	inspire		고무하다, 격려하다, 영감을 주다
	O	X	corrode		부식시키다, 좀먹다
	O	X	preclude		금지하다
	O	X	mimic		모방하다
14	O	X	unbiased		공정한, 선입견 없는, 편견 없는
	O	X	void		빈, 헛된, 공허한, 무효의, 결여된
	O	X	impartial		공정한
	O	X	lucid		명쾌한, 명료한
	O	X	mandatory		명령의, 강제적인, 의무적인, 위임의
15	O	X	relinquish		그만두다, 포기하다
	O	X	invalidate		무효화하다, 무용지물로 만들다
	O	X	retard		미루다, 연기하다
	O	X	renounce		그만두다, 포기하다, 거절하다
	O	X	smash		박살 내다, 충돌하다

DAY 06

DAY 06 이디엄 막판 테스트

Q. 주어진 의미와 가장 가까운 것을 고르시오.

01 ~에 아첨하다, 상대역을 하다, 지지하다
① wrap up
② add up
③ play up to
④ get out of

02 ~을 야기하다, 초래하다
① take apart
② give off
③ pay back
④ bring about

03 ~을 옹호하다, 변호하다
① get away with
② fall short of
③ fall back on
④ stick up for

04 ~에 적임이다, 적합하다
① be cut out for
② be through with
③ be engaged in
④ be friendly with

05 ~을 수행하다
① probe into
② write off
③ back up
④ carry out

06 ~을 따르다, 준수하다
① pull down
② fade away
③ root out
④ abide by

07 온갖 수를 다 쓰다
① call the roll
② turn a deaf ear to
③ make the fur fly
④ leave no stone unturned

08 사람한테 장난하다, 속이다
① play a trick on
② make do with
③ keep in touch with
④ throw in the towel

09 시대에 뒤떨어진
① off hand
② in full swing
③ behind the times
④ behind time

10 아주 부자인
① up in the air
② in two minds
③ made of money
④ out of this world

11 위기일발, 구사일생
① windfall profit
② net asset
③ close call
④ white elephant

12 의견이 일치하다, 직접 대면하다
① make one's way
② see eye to eye
③ run out of steam
④ keep an eye on

정답 01 ③ 02 ④ 03 ④ 04 ① 05 ④ 06 ④ 07 ④ 08 ① 09 ③ 10 ③ 11 ③ 12 ②

DAY 06 이디엄 막판 체크

회독 체크 ○○○○○

01			
	O X	wrap up	~을 마무리 짓다, 싸다
	O X	add up	~을 검토하다, 더하다
	O X	play up to	~에 아첨하다, 상대역을 하다, 지지하다
	O X	get out of	~을 알아내다, 도망치다, 내리다
02	O X	take apart	~을 분해하다, 쉽게 이기다
	O X	give off	~을 뿜어내다, 발산하다
	O X	pay back	~을 변상하다, 보상하다
	O X	bring about	~을 야기하다, 초래하다
03	O X	get away with	~을 잘 해내다, 치우다, 먹다
	O X	fall short of	~이 부족하다
	O X	fall back on	~을 의지하다, 몰려오다, 퇴각하다
	O X	stick up for	~을 옹호하다, 변호하다
04	O X	be cut out for	~에 적임이다, 적합하다
	O X	be through with	~에 발을 빼다, 뒤끝을 맺다
	O X	be engaged in	~에 종사하다, ~로 바쁘다
	O X	be friendly with	~와 사이가 좋다
05	O X	probe into	~을 조사하다
	O X	write off	~을 탕감하다, 즉시 쓰다
	O X	back up	~을 후원하다, 뒷받침하다
	O X	carry out	~을 수행하다, 완수하다
06	O X	pull down	~을 허물어뜨리다, 좌절시키다
	O X	fade away	시들다, 사라지다
	O X	root out	~을 찾아내다, 근절시키다
	O X	abide by	~을 따르다, 준수하다
07	O X	call the roll	출석을 부르다
	O X	turn a deaf ear to	~에 귀를 기울이지 않다, 무시하다
	O X	make the fur fly	큰 싸움을 벌이다
	O X	leave no stone unturned	온갖 수를 다 쓰다
08	O X	play a trick on	사람한테 장난하다, 속이다
	O X	make do with	~으로 임시변통하다, 때우다
	O X	keep in touch with	~와 계속 연락을 취하다
	O X	throw in the towel [sponge]	패배를 인정하다

09	O	X	off hand		준비 없이, 즉석에서
	O	X	in full swing		진행 중인, 무르익은
	O	X	behind the times		시대에 뒤떨어진
	O	X	behind time		시간에 늦은
10	O	X	up in the air		아직 미정인
	O	X	in two minds		망설이는
	O	X	made of money		아주 부자인
	O	X	out of this world		너무도 훌륭한
11	O	X	windfall profit		초과 이윤, 불로 소득
	O	X	net asset[worth]		순자산
	O	X	close call		위기일발, 구사일생
	O	X	white elephant		돈만 많이 들고 더 이상 쓸모는 없는 것
12	O	X	make one's way		나아가다, 출세하다
	O	X	see eye to eye		의견이 일치하다, 직접 대면하다
	O	X	run out of steam		기력이 다하다
	O	X	keep an eye on		~을 계속 지켜보다

DAY 06

DAY 07 어휘 막판 테스트

Q. 주어진 어휘와 의미가 가장 가까운 것을 고르시오.

01 replace
① require   ② substitute
③ impeach   ④ assume

02 devoid
① commonplace   ② supernatural
③ lacking   ④ tedious

03 interfere
① board   ② recommend
③ meddle   ④ allay

04 accentuate
① confront   ② surmise
③ continue   ④ underline

05 collude
① evoke   ② exclude
③ abdicate   ④ conspire

06 afflict
① corroborate   ② direct
③ distress   ④ reconcile

07 astute
① optimum   ② illegible
③ shrewd   ④ coincident

08 prodigal
① wasteful   ② plausible
③ trifling   ④ delightful

09 renowned
① legal   ② distinguished
③ severe   ④ dejected

10 exile
① proximity   ② hypothesis
③ equilibrium   ④ expulsion

11 ravenous
① prerequisite   ② stealthy
③ sharp   ④ voracious

12 sturdy
① aloof   ② robust
③ repetitive   ④ scant

13 acquire
① incite   ② persevere
③ obtain   ④ proclaim

14 curb
① propose   ② restrain
③ destabilize   ④ criticize

15 deleterious
① harmful   ② indigent
③ assiduous   ④ luminous

정답 01 ② 02 ③ 03 ③ 04 ④ 05 ④ 06 ③ 07 ③ 08 ① 09 ② 10 ④ 11 ④ 12 ② 13 ③ 14 ② 15 ①

DAY 07 어휘 막판 체크

회독 체크 ○○○○○

01	O X	replace		대신하다, 대체하다, 바꾸다
	O X	require		필요로 하다, 요구하다, 요청하다
	O X	substitute		대신하다, 대리하다; 대리인
	O X	impeach		탄핵하다, 비난하다, 고발하다
	O X	assume		추정하다, 떠맡다, ~인 척하다
02	O X	devoid		~이 없는; 빼앗다
	O X	commonplace		평범한
	O X	supernatural		초자연적인, 불가사의한
	O X	lacking		~이 없는, 결핍된
	O X	tedious		지루한, 싫증 나는
03	O X	interfere		간섭하다, 개입하다, 참견하다
	O X	board		타다, 탑승하다
	O X	recommend		추천하다, 권고하다
	O X	meddle		간섭하다, 참견하다
	O X	allay		진정시키다, 완화하다
04	O X	accentuate		강조하다, 눈에 띄게 하다
	O X	confront		직면하다, 대면시키다, 비교하다
	O X	surmise		추측하다, 추정하다; 추측, 추정
	O X	continue		지속하다, 계속하다
	O X	underline		강조하다, 분명히 보여주다, 밑줄을 긋다
05	O X	collude		공모하다, 모의하다
	O X	evoke		일깨우다, 환기시키다
	O X	exclude		제외하다, 차단하다, 추방하다
	O X	abdicate		그만두다, 포기하다
	O X	conspire		공모하다
06	O X	afflict		괴롭히다, 시달리게 하다
	O X	corroborate		증명하다, 입증하다
	O X	direct		지도하다, 가리키다; 똑바른, 직접의, 솔직한
	O X	distress		괴롭히다; 고통
	O X	reconcile		조화시키다, 화해시키다, 받아들이다
07	O X	astute		기민한, 영악한
	O X	optimum		최고의, 최적의
	O X	illegible		읽기 어려운, 판독이 불가능한
	O X	shrewd		기민한, 재빠른
	O X	coincident		일치하는, 조화로운

08	O X	prodigal		낭비하는, 방탕한
	O X	wasteful		낭비하는, 황폐하게 하는
	O X	plausible		그럴듯한, 말주변이 좋은
	O X	trifling		하찮은, 사소한, 시시한
	O X	delightful		기쁜, 즐거운, 유쾌한
09	O X	renowned		유명한, 명성 있는
	O X	legal		합법적인
	O X	distinguished		유명한, 두드러진, 기품있는
	O X	severe		극심한, 가혹한, 엄격한
	O X	dejected		낙담한, 실의에 빠진
10	O X	exile		추방, 망명; 추방하다
	O X	proximity		가까움, 근접
	O X	hypothesis		가설, 추정, 추측
	O X	equilibrium		균형, 평형, 평정
	O X	expulsion		추방, 축출, 방출
11	O X	ravenous		탐욕스러운, 몹시 굶주린
	O X	prerequisite		필수적인; 필요 조건
	O X	stealthy		몰래 하는, 은밀한
	O X	sharp		날카로운, 급격한
	O X	voracious		탐욕스러운, 게걸스레 먹는
12	O X	sturdy		튼튼한, 견고한, 확고한
	O X	aloof		냉담한, 무관심한; 떨어져서
	O X	robust		튼튼한, 견고한
	O X	repetitive		반복적인, 반복되는
	O X	scant		부족한, 빈약한
13	O X	acquire		획득하다, 얻다
	O X	incite		자극하다, 선동하다, 유발하다
	O X	persevere		인내하다, 견디어내다
	O X	obtain		획득하다, 얻다
	O X	proclaim		선포하다, 선언하다
14	O X	curb		억제하다, 참다
	O X	propose		제안하다, 의도하다, 청혼하다
	O X	restrain		억제하다, 억누르다, 제지하다
	O X	destabilize		불안정하게 만들다
	O X	criticize		비판하다, 비평하다
15	O X	deleterious		해로운, 유해한
	O X	harmful		해로운, 유해한
	O X	indigent		빈곤한, 궁핍한, 결함이 있는
	O X	assiduous		근면한, 끊임없는
	O X	luminous		빛을 내는, 명쾌한

DAY 07 이디엄 막판 테스트

학습 날짜: _____ 맞은 개수: _____

Q. 주어진 의미와 가장 가까운 것을 고르시오.

01 ~없이 지내다
① dispense with ② fill in
③ look like ④ wear out

02 ~을 해고하다
① lay off ② touch on
③ save up ④ turn to

03 ~을 해결하다, 다림질하다
① convert into ② add to
③ iron out ④ hand down

04 ~을 축소하다, 삭감하다
① look for ② stand by
③ cut back ④ go on

05 ~을 연기하다, 연장하다, 재직하다
① turn down ② lay down
③ hang on ④ hold over

06 ~을 건너다, 극복하다, 회복하다
① do over ② come in
③ get over ④ drive out

07 ~때문에
① up to
② due to
③ a prelude to
④ according to

08 ~와 합의를 보다, 타협이 이루어지다
① come to terms with
② be on good terms with
③ have nothing to do with
④ pay court to

09 참가하다, 시작하다, 처음 해보다
① kick the bucket
② make a blunder
③ get one's feet wet
④ make a fuss

10 불가능한
① out of question
② out of the question
③ out of hand
④ out of stock

11 승리하다, 성공하다
① take sides
② carry the day
③ come to light
④ break one's word

12 미리, 사전에
① at best
② in advance
③ by and large
④ between ourselves

정답 01 ① 02 ① 03 ③ 04 ③ 05 ④ 06 ③ 07 ② 08 ① 09 ③ 10 ② 11 ② 12 ②

DAY 07 이디엄 막판 체크

01	O X	dispense with		~없이 지내다	
	O X	fill in		~을 채우다, 대신하다, 자세히 알리다	
	O X	look like		~할 것 같다, ~인 것처럼 보이다	
	O X	wear out		(낡아서) 떨어지다	
02	O X	lay off		~을 해고하다, 그만 먹다[쓰다/하다]	
	O X	touch on[upon]		~에 관해 언급하다, 접근하다, 관련하다	
	O X	save up		(돈을) 모으다	
	O X	turn to		~에 의지하다	
03	O X	convert into		~으로 바꾸다, 전환하다	
	O X	add to		~을 늘리다, ~에 더하다	
	O X	iron out		~을 해결하다, 다림질하다	
	O X	hand down		~을 물려주다, 공표하다	
04	O X	look for		~을 찾다, 구하다, 기대하다	
	O X	stand by		~을 고수하다, 가만히 있다, 대기하다	
	O X	cut back		~을 축소하다, 삭감하다	
	O X	go on		계속하다, 이어지다	
05	O X	turn down		~을 거절하다, 엎어놓다, 약하게 하다, 개다	
	O X	lay down		~을 내려놓다, 버리다	
	O X	hang on		~을 꽉 붙잡다, ~에 달려 있다, 기다리다	
	O X	hold over		~을 연기하다, 연장하다, 재직하다	
06	O X	do over		~을 다시 하다, 단장하다	
	O X	come in		~이[로] 들어오다, 유행하다	
	O X	get over		~을 건너다, 극복하다, 회복하다	
	O X	drive out		~을 몰아내다, 축출하다	
07	O X	up to		~까지, ~만큼	
	O X	due to		~때문에	
	O X	a prelude to		~의 서막	
	O X	according to[as]		~에 따라	
08	O X	come to terms with		~와 합의를 보다, 타협이 이루어지다	
	O X	be on good terms with		~와 사이가 좋다	
	O X	have nothing to do with		~와 상관없다	
	O X	pay court to		~에게 아부하다	

09	O X	kick the bucket		죽다
	O X	make[commit] a blunder		큰 실수를 저지르다
	O X	get one's feet wet		참가하다, 시작하다, 처음 해보다
	O X	make a fuss (over)		법석을 떨다
10	O X	out of question		틀림없이, 물론
	O X	out of the question		불가능한
	O X	out of hand		통제할 수 없는, 즉각
	O X	out of stock		품절이 된, 매진된
11	O X	take sides		편을 들다
	O X	carry[win] the day		승리하다, 성공하다
	O X	come to light		밝혀지다, 알려지다
	O X	break[keep] one's word		약속을 어기다[지키다]
12	O X	at (the) best		잘해야, 기껏해야
	O X	in advance		미리, 사전에
	O X	by and large		전반적으로, 대체로
	O X	between ourselves		우리끼리 이야기지만, 은밀하게

DAY 07

DAY 08 어휘 막판 테스트

Q. 주어진 어휘와 의미가 가장 가까운 것을 고르시오.

01 rapid
① outlandish   ② speedy
③ temperate   ④ fatigued

02 sociable
① abstract   ② delinquent
③ outgoing   ④ noxious

03 sinister
① wicked   ② sufficient
③ compatible ④ hospitable

04 manifest
① apparent   ② furious
③ incumbent   ④ bankrupt

05 shortcoming
① refraction ② catastrophe
③ flaw   ④ aspect

06 multiple
① elastic   ② various
③ plastic   ④ average

07 convert
① eschew   ② release
③ change   ④ solve

08 revolt
① satire   ② mutiny
③ ailment   ④ reputation

09 diminish
① compete   ② decrease
③ absorb   ④ verify

10 undergo
① defuse   ② profess
③ experience ④ withstand

11 surmount
① constrict   ② frustrate
③ overcome   ④ exploit

12 costly
① inborn   ② exemplary
③ heedful   ④ expensive

13 impudent
① thrifty   ② impertinent
③ chief   ④ omnipotent

14 worldly
① mundane   ② analogous
③ essential   ④ advantageous

15 expunge
① endorse   ② pacify
③ anticipate ④ erase

정답 01 ② 02 ③ 03 ① 04 ① 05 ③ 06 ② 07 ③ 08 ② 09 ② 10 ③ 11 ③ 12 ④ 13 ② 14 ① 15 ④

DAY 08 어휘 막판 체크

01	O X	rapid		빠른
	O X	outlandish		이상한, 기이한
	O X	speedy		빠른, 신속한
	O X	temperate		절제하는, 삼가는, 적당한, 온화한
	O X	fatigued		지친, 피로한
02	O X	sociable		사교적인, 붙임성 있는
	O X	abstract		추상적인, 관념적인; 추상, 개요
	O X	delinquent		태만한, 체납의, 범죄의
	O X	outgoing		사교적인, 외향적인
	O X	noxious		유독한, 유해한
03	O X	sinister		사악한, 해로운, 불길한
	O X	wicked		사악한, 심술궂은
	O X	sufficient		충분한
	O X	compatible		일치하는, 조화로운
	O X	hospitable		환대하는, 친절한, 쾌적한, 알맞은
04	O X	manifest		분명한; 나타내다, 분명해지다
	O X	apparent		분명한, 명백한, 외관상의
	O X	furious		몹시 화가 난, 맹렬한
	O X	incumbent		현직의, 재직의, 의무가 있는, 의지하는
	O X	bankrupt		파산한, 결핍된
05	O X	shortcoming		결점, 단점
	O X	refraction		굴절
	O X	catastrophe		참사, 재앙, 곤란
	O X	flaw		결점, 결함, 흠
	O X	aspect		측면, 양상
06	O X	multiple		다양한, 다른
	O X	elastic		탄력 있는, 융통성 있는
	O X	various		다양한, 서로 다른
	O X	plastic		플라스틱의, 유연한, 인공적인
	O X	average		평범한, 보통의
07	O X	convert		바꾸다, 변하다
	O X	eschew		피하다, 삼가다
	O X	release		풀어주다, 석방하다, 방출하다
	O X	change		바꾸다, 고치다, 변경하다
	O X	solve		풀다, 해결하다

08	O X	revolt		반란, 폭동	
	O X	satire		풍자	
	O X	mutiny		반란, 폭동	
	O X	ailment		질병	
	O X	reputation		평판, 명성	
09	O X	diminish		줄이다, 감소하다, 폄하하다	
	O X	compete		경쟁하다, 겨루다	
	O X	decrease		줄이다, 감소시키다; 감소	
	O X	absorb		흡수하다	
	O X	verify		증명하다, 입증하다	
10	O X	undergo		겪다, 경험하다, 견디다	
	O X	defuse		진정시키다, 완화시키다	
	O X	profess		주장하다, 공언하다	
	O X	experience		겪다, 경험하다; 경험	
	O X	withstand		저항하다, 버티다, 견디다	
11	O X	surmount		극복하다, 오르다, ~의 위에 놓다	
	O X	constrict		수축시키다, 억제하다, 제한하다	
	O X	frustrate		좌절시키다, 실망시키다	
	O X	overcome		극복하다	
	O X	exploit		이용하다, 착취하다; 위업	
12	O X	costly		값비싼	
	O X	inborn		타고난, 선천적인	
	O X	exemplary		전형적인, 대표적인, 모범적인	
	O X	heedful		주의 깊은, 조심하는	
	O X	expensive		값비싼, 고가의	
13	O X	impudent		무례한, 버릇없는	
	O X	thrifty		절약하는, 번영하는, 무성한	
	O X	impertinent		무례한, 버릇없는	
	O X	chief		주된, 최고위자인; 최고위자	
	O X	omnipotent		전능한	
14	O X	worldly		세속적인, 현세의	
	O X	mundane		세속적인	
	O X	analogous		유사한, 닮은	
	O X	essential		필수적인, 본질적인; 필수적인 것	
	O X	advantageous		유리한, 유익한, 안성맞춤의, 편리한	
15	O X	expunge		지우다, 삭제하다	
	O X	endorse		지지하다, 보증하다, 배서하다	
	O X	pacify		진정시키다, 달래다, 평화를 가져오다	
	O X	anticipate		예상하다, 예측하다, 기대하다	
	O X	erase		지우다, 삭제하다	

DAY 08 이디엄 막판 테스트

학습 날짜: _____ 맞은 개수: _____

Q. 주어진 의미와 가장 가까운 것을 고르시오.

01 사망하다, 없어지다, 사라지다
① blow up   ② set out
③ water down   ④ pass away

02 ~을 지지하다, 옹호하다
① stand in for   ② stand out
③ stand up to   ④ stand up for

03 ~을 제거하다
① get rid of   ② look out for
③ act up to   ④ hang out with

04 ~을 낳다, 일으키다, 유발하다
① keep abreast of ② get off with
③ give in to   ④ give rise to

05 ~에 책임이 있다
① be responsible for ② be fit for
③ be devoid of   ④ be bent on

06 기껏해야, 많아 봐야
① at most   ② at least
③ at once   ④ at stake

07 ~을 이용하다, 편승하다
① take advantage of
② make away with
③ steer clear of
④ take the place of

08 놓치다, 잊어버리다
① lose track of
② make allowance for
③ play a trick on
④ part company with

09 ~을 가볍게 여기다, 경시하다
① make light of
② think much of
③ get the better of
④ set store by

10 A를 B로 간주하다
① rid A of B
② remind A of B
③ regard A as B
④ rob A of B

11 (상황을) 이해하다
① get the picture
② catch sb. red-handed
③ do a snow job on a person
④ be in hot water

12 노련한 사람
① all walks of life
② old hand
③ a soft snap
④ a long shot

정답 01 ④ 02 ④ 03 ① 04 ④ 05 ① 06 ① 07 ① 08 ① 09 ① 10 ③ 11 ① 12 ②

DAY 08 이디엄 막판 체크

회독 체크 ○ ○ ○ ○ ○

01	O X	blow up		~을 폭발시키다, 시작되다
	O X	set out		~을 출발하다, 착수하다
	O X	water down		효과를 약화시키다, 물로 희석하다
	O X	pass away		사망하다, 없어지다, 사라지다
02	O X	stand in for		~을 대신하다
	O X	stand out		눈에 띄다, 튀어나오다, 견디다, 주장하다
	O X	stand up to		~에 맞서다, 잘 견디다
	O X	stand up for		~을 지지하다, 옹호하다
03	O X	get rid of		~을 제거하다
	O X	look out for		~을 보살피다
	O X	act up to		~을 지키다, 실행하다
	O X	hang out (with)		~와 함께 시간을 보내다
04	O X	keep abreast of[with]		~에 뒤떨어지지 않다
	O X	get off with		~을 벗어나다, 친해지다, 갖고 달아나다
	O X	give in (to)		(~에) 항복하다, 받아들이다
	O X	give rise to		~을 낳다, 일으키다, 유발하다
05	O X	be responsible for		~에 책임이 있다
	O X	be fit for		~에 적합하다, 걸맞다
	O X	be devoid of		~이 결여되어 있다
	O X	be bent on		~에 열중해 있다, 여념이 없다
06	O X	at (the) most[utmost]		기껏해야, 많아 봐야
	O X	at (the) least		적어도
	O X	at once		즉시
	O X	at stake		위태로운, 성패가 달려 있는
07	O X	take advantage of		~을 이용하다, 편승하다
	O X	make away with		~을 면하다, 멸하다, 죽이다
	O X	steer[keep, stay] clear of		~을 피하다, 가까이 가지 않다
	O X	take the place of		~을 대신하다, 대리하다
08	O X	lose track of		놓치다, 잊어버리다
	O X	make allowance for		감안하다, 참작하다, 아량을 베풀다
	O X	play a trick on		~에게 장난치다, ~을 속이다
	O X	part company with		~와 헤어지다

09	O X	make light of		~을 가볍게 여기다, 경시하다
	O X	think much of		~을 중시하다
	O X	get the better of		~을 이기다, 능가하다
	O X	set store by		~을 중시하다
10	O X	rid A of B		A에게서 B를 제거하다
	O X	remind A of B		A에게 B를 생각나게 하다
	O X	regard[consider, look upon] A as B		A를 B로 간주하다
	O X	rob[deprive, strip] A of B		A에게서 B를 빼앗다
11	O X	get the picture		(상황을) 이해하다
	O X	catch sb. red-handed		~을 현행범으로 붙잡다
	O X	do a snow job on a person		남을 감언이설로 속이다
	O X	be in hot water		곤란한 입장에 빠지다
12	O X	all walks of life		각계각층
	O X	old hand		노련한 사람
	O X	a (soft) snap		식은 죽 먹기
	O X	a long shot		대담한 시도, 성공확률이 낮은 것

DAY 08

DAY 09 어휘 막판 테스트

학습 날짜: _____   맞은 개수: _____

Q. 주어진 어휘와 의미가 가장 가까운 것을 고르시오.

01 seduce
① investigate   ② tempt
③ evaporate   ④ accompany

02 surreptitious
① furtive   ② entertaining
③ redundant   ④ ongoing

03 authentic
① disinterested ② genuine
③ neutral   ④ linear

04 banish
① adjust   ② approve
③ eject   ④ complement

05 forbear
① cause   ② expedite
③ apprehend   ④ refrain

06 reveal
① esteem   ② retract
③ expose   ④ cease

07 obstruct
① block   ② entitle
③ exhilarate   ④ treat

08 dump
① substantiate ② discard
③ forge   ④ tumble

09 reimburse
① efface   ② prohibit
③ compensate   ④ emit

10 explicit
① wary   ② flippant
③ clear   ④ benevolent

11 flexible
① supple   ② hypnotic
③ attentive   ④ destitute

12 aberrant
① colloquial   ② fragile
③ odd   ④ indomitable

13 omen
① sovereign   ② contempt
③ portent   ④ quandary

14 subjugate
① surge   ② vanquish
③ constitute   ④ augment

15 restrict
① affirm   ② limit
③ antagonize   ④ wander

정답 01 ② 02 ① 03 ② 04 ③ 05 ④ 06 ③ 07 ① 08 ② 09 ③ 10 ③ 11 ① 12 ③ 13 ③ 14 ② 15 ②

DAY 09 어휘 막판 체크

회독 체크 ○○○○○

01	O X	seduce		유혹하다, 꾀다
	O X	investigate		조사하다, 수사하다, 연구하다
	O X	tempt		유혹하다, 유도하다
	O X	evaporate		증발하다, 사라지다
	O X	accompany		동반하다, 수반하다, 반주하다
02	O X	surreptitious		은밀한
	O X	furtive		은밀한, 교활한
	O X	entertaining		재미있는, 즐거움을 주는
	O X	redundant		장황한, 여분의, 남아도는, 해고된
	O X	ongoing		진행 중의, 전진하는
03	O X	authentic		진짜의, 믿을 만한, 인증된
	O X	disinterested		무관심한, 객관적인
	O X	genuine		진짜의, 진실한, 진심 어린
	O X	neutral		중립적인
	O X	linear		직선의, 선으로 된
04	O X	banish		쫓아내다, 추방하다
	O X	adjust		조절하다, 조정하다, 순응하다
	O X	approve		찬성하다, 승인하다
	O X	eject		쫓아내다, 배출하다
	O X	complement		보완하다, 보충하다; 보완물
05	O X	forbear		그만두다, 삼가다, 억제하다
	O X	cause		초래하다, 야기하다; 원인, 이유
	O X	expedite		촉진시키다, 급송하다
	O X	apprehend		체포하다, 이해하다, 파악하다, 염려하다
	O X	refrain		그만두다, 삼가다, 자제하다
06	O X	reveal		드러내다, 폭로하다
	O X	esteem		존경하다, ~라고 여기다, 평가하다; 존경
	O X	retract		철회하다, 취소하다, 움츠리다
	O X	expose		드러내다, 폭로하다, 노출시키다
	O X	cease		그치다, 중단시키다
07	O X	obstruct		막다, 방해하다, 가로막다
	O X	block		막다, 방해하다; 덩어리, 블록
	O X	entitle		권리를 주다, 제목을 붙이다
	O X	exhilarate		기쁘게 만들다
	O X	treat		다루다, 간주하다, 치료하다, 대접하다

08	O X	dump			버리다; (쓰레기) 폐기장
	O X	substantiate			입증하다
	O X	discard			버리다; 버림
	O X	forge			구축하다, 위조하다
	O X	tumble			넘어지다, 폭락하다, 굴리다
09	O X	reimburse			보상하다
	O X	efface			지우다, 없애다
	O X	prohibit			금지하다
	O X	compensate			보상하다, 갚다
	O X	emit			내뿜다
10	O X	explicit			분명한, 솔직한, 명백한
	O X	wary			경계하는, 조심하는, 신중한
	O X	flippant			경솔한, 건방진
	O X	clear			분명한, 확실한; 치우다
	O X	benevolent			관대한, 너그러운
11	O X	flexible			유연한, 신축성 있는, 융통성 있는
	O X	supple			유연한, 탄력 있는
	O X	hypnotic			최면을 거는 듯한, 최면술의
	O X	attentive			주의 깊은, 경청하는, 친절한
	O X	destitute			결핍한, 빈곤한
12	O X	aberrant			이상한, 기이한
	O X	colloquial			구어체의, 격식을 차리지 않은
	O X	fragile			깨지기 쉬운, 허약한, 덧없는
	O X	odd			이상한, 기이한
	O X	indomitable			굴복하지 않는, 불굴의
13	O X	omen			전조, 예고
	O X	sovereign			주권자, 독립국; 주권을 가진, 독립의
	O X	contempt			경멸, 멸시, 무시
	O X	portent			전조, 징후
	O X	quandary			당황, 곤경
14	O X	subjugate			정복하다, 복종시키다, 종속시키다, 억누르다
	O X	surge			급등하다, 쇄도하다; 큰 파도, 동요
	O X	vanquish			정복하다, 이기다, 극복하다
	O X	constitute			구성하다, 설립하다
	O X	augment			늘리다, 증가시키다
15	O X	restrict			제한하다, 한정하다, 금지하다
	O X	affirm			단언하다, 확인하다, 긍정하다
	O X	limit			제한하다; 한계
	O X	antagonize			대항하다, 적대하다, 반대하다
	O X	wander			돌아다니다, 헤매다, 탈선하다

DAY 09 이디엄 막판 테스트

학습 날짜 : _____   맞은 개수 : _____

Q. 주어진 의미와 가장 가까운 것을 고르시오.

01 ~을 고수하다, 계속하다
① take on   ② buy up
③ adhere to   ④ sleep on

02 ~을 연기하다, 지체시키다
① hold off   ② damp down
③ set up   ④ draw up

03 ~을 강화하다, 보강하다
① rip off   ② do up
③ set in   ④ beef up

04 ~으로부터 기인하다, 유래하다
① try on   ② drop by
③ stem from   ④ go over

05 ~을 저축하다, 무시하다
① hand in   ② leave off
③ lay aside   ④ tear up

06 유행을 따르다, 정통하다, 뒤지지 않다
① opt out of   ② cut down on
③ look in on   ④ keep up with

07 아버지를 쏙 빼닮은 아들
① a chip off the old block
② a man of his word
③ jack-of-all-trades
④ white lie

08 욕하다, 놀리다
① call sb. names
② call the shots
③ call in sick
④ call a spade a spade

09 완전히 파산하여, 무일푼이 되어
① free of charge
② bumper to bumper
③ dead broke
④ happy-go-lucky

10 잠자리에 들다
① hit the nail on the head
② hit the spot
③ hit the road
④ hit the hay

11 ~이 부족하여
① for want of
② in support of
③ in process of
④ in view of

12 침착하게 행동하다, 냉정을 유지하다
① get in the way
② rain cats and dogs
③ stay cool
④ jump on the bandwagon

정답 01 ③ 02 ① 03 ④ 04 ③ 05 ③ 06 ④ 07 ① 08 ① 09 ③ 10 ④ 11 ① 12 ③

DAY 09 이디엄 막판 체크

회독 체크 ○○○○○

01	O	X	take on		~을 떠맡다, 고용하다, 태우다, 흥분하다
	O	X	buy up		사재기하다, 매점하다
	O	X	adhere to		~을 고수하다, 계속하다
	O	X	sleep on		~을 하룻밤 자며 생각해 보다
02	O	X	hold off		~을 연기하다, 지체시키다
	O	X	damp down		맥 빠지게 하다, 기세를 꺾다
	O	X	set up		~을 설립하다, 준비하다, ~인 체하다
	O	X	draw up		~을 작성하다, (차량이) 다가와 서다
03	O	X	rip off		뜯어내다, 훔치다, 속이다, 파괴하다
	O	X	do up		~을 손질하다, ~에 싸다, 채워지다
	O	X	set in		~을 시작하다, 고정시키다
	O	X	beef up		~을 강화하다, 보강하다
04	O	X	try on		~을 시험 삼아 해보다[입어보다]
	O	X	drop[stop, come] by		~에 잠깐 들르다
	O	X	stem from		~으로부터 기인하다, 유래하다
	O	X	go over		~을 점검하다, 조사하다, 건너가다
05	O	X	hand[send] in		~을 제출하다
	O	X	leave off		~을 중단하다, 멈추다
	O	X	lay[put] aside		~을 저축하다, 무시하다
	O	X	tear up		~을 찢다, 눈물을 글썽이다
06	O	X	opt out of		~에서 빠져나오다, 손을 떼다
	O	X	cut down on		~을 줄이다
	O	X	look in on		~을 방문하다
	O	X	keep up with		유행을 따르다, 정통하다, 뒤지지 않다
07	O	X	a chip off the old block		아버지를 쏙 빼닮은 아들
	O	X	a man[woman] of his[her] word		약속을 지키는 사람
	O	X	jack-of-all-trades		만물박사, 팔방미인
	O	X	white lie		선의의 거짓말
08	O	X	call sb. names		욕하다, 놀리다
	O	X	call the shots		지휘하다, 명령하다
	O	X	call in sick		전화로 병결을 알리다
	O	X	call a spade a spade		자기 생각을 그대로[숨김없이] 말하다

09	O	X	free of charge		무료로
	O	X	bumper to bumper		차가 꽉 들어찬, 교통이 정체된
	O	X	dead[flat, stone, stony] broke		완전히 파산하여, 무일푼이 되어
	O	X	happy-go-lucky		낙천적인, 태평스러운
10	O	X	hit the nail on the head		정곡을 찌르다
	O	X	hit the spot		(자신이 원하는) 딱 그것이다
	O	X	hit the road		먼 길을 나서다, 여행길에 오르다
	O	X	hit the hay[sack]		잠자리에 들다
11	O	X	for want[lack] of		~이 부족하여
	O	X	in support of		~을 지지하여, 옹호하여
	O	X	in process of		~하는 과정에
	O	X	in view of		~을 고려하여, ~때문에
12	O	X	get in the way		방해하다, 방해되다
	O	X	rain cats and dogs		비가 억수같이 쏟아지다
	O	X	stay cool		침착하게 행동하다, 냉정을 유지하다
	O	X	jump on the bandwagon		시류에 편승하다

DAY 10 어휘 막판 테스트

학습 날짜 : _____   맞은 개수 : _____

Q. 주어진 어휘와 의미가 가장 가까운 것을 고르시오.

01 insult
① subside   ② consider
③ divulge   ④ affront

02 blunt
① dull   ② respiratory
③ adequate   ④ needy

03 reckless
① economical   ② deliberate
③ rash   ④ courteous

04 acquit
① loathe   ② absolve
③ conscript   ④ intersect

05 rebellious
① durable   ② inordinate
③ disobedient ④ cumulative

06 impede
① localize   ② allure
③ intercept   ④ hamper

07 subsidiary
① dogged   ② aggressive
③ auxiliary   ④ merciless

08 opulent
① fruitless   ② rich
③ gutless   ④ pending

09 paucity
① lack   ② verdict
③ trait   ④ strife

10 outspoken
① obscure   ② subtle
③ forthright   ④ magnanimous

11 endanger
① imperil   ② starve
③ abrogate   ④ admonish

12 transparent
① extravagant ② pellucid
③ inherent   ④ capricious

13 threaten
① prolong   ② transfigure
③ intimidate   ④ alter

14 bigoted
① tractable   ② diverse
③ defiant   ④ biased

15 encroach
① despise   ② intrude
③ infuriate   ④ weigh

정답 01 ④ 02 ① 03 ③ 04 ② 05 ③ 06 ④ 07 ③ 08 ② 09 ① 10 ③ 11 ① 12 ② 13 ③ 14 ④ 15 ②

DAY 10 어휘 막판 체크

회독 체크 ○○○○○

01	O X	insult		모욕하다; 모욕
	O X	subside		가라앉다, 진정되다
	O X	consider		고려하다
	O X	divulge		누설하다, 폭로하다
	O X	affront		모욕하다; 모욕
02	O X	blunt		무딘, 직설적인; 둔화시키다
	O X	dull		무딘, 둔한, 따분한; 무디게 하다, 완화시키다
	O X	respiratory		호흡의, 호흡 기관의
	O X	adequate		충분한, 적절한
	O X	needy		가난한, 궁핍한
03	O X	reckless		무모한, 부주의한
	O X	economical		경제적인, 알뜰한, 절약하는
	O X	deliberate		고의의, 신중한; 숙고하다
	O X	rash		무모한, 성급한
	O X	courteous		공손한, 정중한
04	O X	acquit		무죄를 선고하다
	O X	loathe		혐오하다
	O X	absolve		무죄를 선고하다
	O X	conscript		징집하다, 징병하다; 징집병
	O X	intersect		가로지르다, 교차하다
05	O X	rebellious		반항적인
	O X	durable		내구성이 있는, 오래가는
	O X	inordinate		과도한, 지나친
	O X	disobedient		반항적인, 순종하지 않는
	O X	cumulative		누적되는
06	O X	impede		방해하다, 지연시키다
	O X	localize		국한시키다, 배치하다, 위치를 알아내다
	O X	allure		꾀다, 매혹하다; 매력, 유혹
	O X	intercept		가로막다, 가로채다
	O X	hamper		방해하다, 제한하다; 방해
07	O X	subsidiary		보조의, 종속적인, 보조금의; 부속물
	O X	dogged		고집 센, 완고한
	O X	aggressive		공격적인, 적극적인
	O X	auxiliary		보조의, 예비의; 조수
	O X	merciless		냉혹한, 잔혹한, 가차 없는

08	O X	opulent		부유한, 호화로운, 풍부한
	O X	fruitless		효과 없는, 헛된, 열매를 맺지 않는
	O X	rich		부유한, 풍부한, 비옥한
	O X	gutless		무기력한, 패기가 없는
	O X	pending		미결정의, 임박한
09	O X	paucity		부족, 결핍, 소수, 소량
	O X	lack		부족, 결핍; 부족하다
	O X	verdict		평결, 판단
	O X	trait		특성
	O X	strife		투쟁, 다툼, 경쟁
10	O X	outspoken		솔직한, 노골적인
	O X	obscure		흐릿한, 애매한, 모호한
	O X	subtle		미묘한, 교묘한
	O X	forthright		솔직한, 똑바로 나아가는
	O X	magnanimous		관대한, 너그러운
11	O X	endanger		위험에 빠뜨리다
	O X	imperil		위험에 빠뜨리다
	O X	starve		굶주리다, 갈망하다
	O X	abrogate		취소하다, 무효화하다
	O X	admonish		권고하다, 훈계하다
12	O X	transparent		투명한, 명쾌한, 솔직한, 명백한
	O X	extravagant		낭비하는, 사치스러운, 과장된
	O X	pellucid		투명한, 맑은, 명쾌한
	O X	inherent		내재하는, 고유의, 타고난
	O X	capricious		변덕스러운
13	O X	threaten		위협하다, 협박하다, ~할 우려가 있다
	O X	prolong		늘리다, 확대하다
	O X	transfigure		변형하다, 이상화하다
	O X	intimidate		위협하다, 협박하다
	O X	alter		변하다, 달라지다, 바꾸다
14	O X	bigoted		편협한, 괴팍한
	O X	tractable		다루기 쉬운, 유순한
	O X	diverse		다양한
	O X	defiant		도전적인, 반항적인
	O X	biased		편협한, 괴팍한
15	O X	encroach		침입하다, 침해하다, 침식하다
	O X	despise		경멸하다, 혐오하다
	O X	intrude		침입하다, 개입하다, 참견하다, 강요하다
	O X	infuriate		극도로 화나게 만들다
	O X	weigh		무게를 달다, 심사숙고하다

DAY 10 이디엄 막판 테스트

학습 날짜 : _____   맞은 개수 : _____

Q. 주어진 의미와 가장 가까운 것을 고르시오.

01 ~을 곰곰이 생각하다
① yield to   ② wait for
③ dwell on   ④ search into

02 ~에 의지하다
① act for   ② tell on
③ build up   ④ depend on

03 ~을 갈망하다
① sum up   ② hold up
③ agree to   ④ long for

04 ~을 경험하다, 겪다
① make up   ② ward off
③ pass through   ④ put down

05 ~에 싫증이 나다
① be aware of   ② be good at
③ be weary of   ④ be similar to

06 ~을 붙잡다, 이해하다, ~와 연락이 닿다
① come down from   ② make off with
③ get hold of   ④ take care of

07 B를 A로 대체하다
① ascribe A to B
② substitute A for B
③ substitute A with B
④ keep A under B

08 체면을 잃다
① lose one's face
② lose oneself in
③ lose one's tongue
④ lose the day

09 결국
① in the long run
② in the black
③ in the red
④ in the same boat

10 쌀쌀맞게 대하다
① give one's best shot
② give sb. a ride
③ give a cold shoulder to
④ give sb. the green light

11 분통을 터뜨리다, 발끈하다
① hold water
② make sense
③ hit the roof
④ drive under the influence

12 비난을 받다
① put into practice
② come under fire
③ keep one's head right
④ have a green thumb

정답   01 ③   02 ④   03 ④   04 ③   05 ③   06 ③   07 ②   08 ①   09 ①   10 ③   11 ③   12 ②

DAY 10 이디엄 막판 체크

회독 체크 ○○○○○

01				
	O X	yield to		~에 굴복하다, ~에 따르다
	O X	wait for		~을 기다리다
	O X	dwell on		~을 곰곰이 생각하다
	O X	search into		~을 조사하다
02	O X	act for		~를 대리하다
	O X	tell on		~에 영향을 미치다
	O X	build up		~을 강화하다
	O X	depend on[upon]		~에 의지하다
03	O X	sum up		~을 요약하다
	O X	hold up		~을 떠받치다, 지연시키다, 제시하다
	O X	agree to		~을 찬성하다, 승낙하다
	O X	long for		~을 갈망하다
04	O X	make up		~을 이루다, 구성하다, 화장을 하다
	O X	ward off		~을 피하다, 물리치다, 가까이 오지 못하게 하다
	O X	pass through		~을 경험하다, 겪다
	O X	put down		착륙하다, 내려앉다
05	O X	be aware of		~을 알고 있다
	O X	be good at		~에 능숙하다
	O X	be weary of		~에 싫증이 나다
	O X	be similar to		~와 비슷하다, 유사하다
06	O X	come down from		~에서 전해지다, 유래하다
	O X	make off with		~을 훔치다
	O X	get hold of		~을 붙잡다, 이해하다, ~와 연락이 닿다
	O X	take care of		~을 돌보다, 책임을 지다, 처리하다
07	O X	ascribe[impute] A to B		A를 B의 탓으로 돌리다
	O X	substitute A for B		B를 A로 대체하다
	O X	substitute A with B		A를 B로 대체하다
	O X	keep A under B		A를 B 아래에 두다, A를 B 아래로 통제하다
08	O X	lose (one's) face[honor]		체면을 잃다
	O X	lose oneself in		~에 몰두하다, ~에서 길을 잃다
	O X	lose one's tongue		말문이 막히다, (일시적으로) 말을 못 하다
	O X	lose the day		패배하다
09	O X	in the long run		결국
	O X	in the black		흑자인
	O X	in the red		적자인
	O X	in the same boat		운명을 같이 해서, 처지가 같아

10	O	X	give one's best shot		최선을 다하다
	O	X	give sb. a ride		태워주다
	O	X	give a cold shoulder to		쌀쌀맞게 대하다
	O	X	give sb. the green[red] light		~을 허가하다[금하다]
11	O	X	hold water		이치에 맞다, 타당하다, 물이 새지 않다
	O	X	make sense		의미가 통하다, 타당하다, 이해하기 쉽다
	O	X	hit[go through] the roof[ceiling]		분통을 터뜨리다, 발끈하다
	O	X	drive under the influence		음주운전을 하다
12	O	X	put into[in] practice		실행에 옮기다
	O	X	come[be] under fire		비난을 받다
	O	X	keep one's head (right)		침착하다
	O	X	have a green thumb		원예에 재주가 있다

DAY 11 어휘 막판 테스트

Q. 주어진 어휘와 의미가 가장 가까운 것을 고르시오.

01 camouflage
① unify   ② surrender
③ disguise   ④ resolve

02 supercilious
① requisite ② injurious
③ absolute   ④ haughty

03 laconic
① licit   ② terse
③ practical ④ visionary

04 impel
① annoy   ② certify
③ oblige   ④ downsize

05 redress
① intrigue   ② repel
③ rectify   ④ authenticate

06 pejorative
① pivotal   ② harmonious
③ diffident ④ derogatory

07 weird
① inimical   ② easygoing
③ uncanny   ④ indispensable

08 appropriate
① qualified ② rugged
③ bizarre   ④ suitable

09 invincible
① hazardous   ② counterfeit
③ unconquerable ④ depressed

10 momentous
① avaricious   ② significant
③ adventitious ④ bold

11 annul
① confess   ② subdue
③ nullify   ④ abbreviate

12 suffocate
① compound   ② suggest
③ smother   ④ extend

13 plentiful
① dizzy   ② allusive
③ profuse   ④ malignant

14 shun
① avoid   ② recognize
③ fate   ④ detest

15 allot
① arbitrate ② assign
③ embark   ④ ponder

정답 01 ③ 02 ④ 03 ② 04 ③ 05 ③ 06 ④ 07 ③ 08 ④ 09 ③ 10 ② 11 ③ 12 ③ 13 ③ 14 ① 15 ②

DAY 11 어휘 막판 체크

01	O	X	camouflage		위장시키다, 숨기다; 위장
	O	X	unify		통합하다, 통일하다
	O	X	surrender		항복하다, 넘겨 주다
	O	X	disguise		위장시키다, 숨기다; 위장
	O	X	resolve		해결하다
02	O	X	supercilious		거만한
	O	X	requisite		필요한, 필수의; 필수품
	O	X	injurious		해로운, 손상을 주는
	O	X	absolute		완전한, 확실한, 절대적인
	O	X	haughty		거만한, 오만한
03	O	X	laconic		간결한, 간명한; 말수가 적은
	O	X	licit		합법적인, 허가받은
	O	X	terse		간결한, 간단한
	O	X	practical		현실적인, 타당한
	O	X	visionary		환영의, 공상적인, 비실제적인; 공상가
04	O	X	impel		강요하다, 재촉하다, 추진시키다
	O	X	annoy		짜증나게 하다, 화나게 하다
	O	X	certify		증명하다, 입증하다
	O	X	oblige		강요하다, 억지로 시키다, 은혜를 베풀다
	O	X	downsize		줄이다, 축소하다
05	O	X	redress		개선하다, 고치다
	O	X	intrigue		호기심[흥미]을 돋우다, 음모를 꾸미다; 음모
	O	X	repel		쫓아내다, 추방하다
	O	X	rectify		개선하다, 고치다
	O	X	authenticate		증명하다
06	O	X	pejorative		경멸적인, 가치를 떨어뜨리는
	O	X	pivotal		중요한, 중추적인
	O	X	harmonious		조화로운, 보기 좋은
	O	X	diffident		자신 없는, 소심한
	O	X	derogatory		경멸적인, (명예, 가치 등을) 손상하는
07	O	X	weird		이상한, 기묘한
	O	X	inimical		해로운, 불리한, 적대하는
	O	X	easygoing		태평한, 느긋한, 게으른
	O	X	uncanny		이상한, 묘한
	O	X	indispensable		필수적인, 없어서는 안 될

08	O	X	appropriate		적절한; 횡령하다
	O	X	qualified		자격 있는, 적격의
	O	X	rugged		울퉁불퉁한, 난폭한, 엄격한
	O	X	bizarre		이상한, 기이한
	O	X	suitable		적절한, 알맞은
09	O	X	invincible		정복할 수 없는, 무적의
	O	X	hazardous		위험한
	O	X	counterfeit		위조의; 위조하다
	O	X	unconquerable		정복할 수 없는, 무적의
	O	X	depressed		우울한, 침체된, 하락한
10	O	X	momentous		중요한
	O	X	avaricious		탐욕스러운, 욕심 많은
	O	X	significant		중요한
	O	X	adventitious		우연한, 우발적인
	O	X	bold		용감한, 대담한, 선명한
11	O	X	annul		취소하다, 무효화하다
	O	X	confess		자백하다, 고백하다
	O	X	subdue		정복하다, 진압하다, 복종시키다, 억제하다, 완화하다
	O	X	nullify		취소하다, 무효화하다
	O	X	abbreviate		요약하다, 축약하다
12	O	X	suffocate		질식사하다, 억압하다
	O	X	compound		혼합하다, 타협하다; 합성의; 혼합물
	O	X	suggest		제안하다, 암시하다
	O	X	smother		질식시켜 죽이다, 억제하다
	O	X	extend		연장하다, 확대하다, 확장하다
13	O	X	plentiful		풍부한
	O	X	dizzy		어지러운, 현기증 나는
	O	X	allusive		암시적인
	O	X	profuse		풍부한, 풍족한
	O	X	malignant		악의 있는, 불길한, 유해한
14	O	X	shun		피하다
	O	X	avoid		피하다
	O	X	recognize		알아보다, 인정하다, 승인하다
	O	X	fate		운명짓다; 운명, 숙명
	O	X	detest		싫어하다, 혐오하다
15	O	X	allot		할당하다, 배분하다, 충당하다
	O	X	arbitrate		중재하다, 조정하다
	O	X	assign		할당하다, 임명하다, 지정하다, ~의 탓으로 하다
	O	X	embark		승선시키다, 투자하다, 착수하다
	O	X	ponder		숙고하다, 곰곰이 생각하다

DAY 11

DAY 11 이디엄 막판 테스트

Q. 주어진 의미와 가장 가까운 것을 고르시오.

01 ~에 대처하다, 처리하다
① abstain from ② cope with
③ stave off ④ go without

02 ~에서 손을 놓다
① come in for ② go back on
③ let go of ④ set up for

03 ~으로 변하다
① bring out ② turn into
③ agree with ④ bargain for

04 ~을 무시하다, 제외시키다, 넘어서다
① sympathize with ② rush out
③ inquire into ④ pass over

05 ~을 우연히 마주치다
① clean up ② steal away
③ call back ④ bump into

06 ~을 철저히 조사하다, 경험하다
① consist of ② look after
③ go through ④ beef about

07 A와 B를 관련지어 생각하다
① accuse A of B
② associate A with B
③ acquaint A with B
④ take A for B

08 중립적인 태도를 취하다
① get out of temper
② sit on the fence
③ hang by a thread
④ follow suit

09 즉시
① in succession
② nothing but
③ at the drop of a hat
④ in vain

10 호의를 베풀다
① do sb. a favor
② behave oneself
③ eat like a horse
④ lose one's mind

11 현실적인
① against all odds
② down-to-earth
③ up to date
④ out of date

12 헐값에 산 물건
① a couch potato
② a breeze
③ a dead bargain
④ a wet blanket

정답 01 ② 02 ③ 03 ② 04 ④ 05 ④ 06 ③ 07 ② 08 ② 09 ③ 10 ① 11 ② 12 ③

DAY 11 이디엄 막판 체크

회독 체크 ○○○○○

01				
	O X	abstain from		~을 삼가다
	O X	cope with		~에 대처하다, 처리하다
	O X	stave off		~을 피하다, 늦추다
	O X	go without		~없이 지내다
02	O X	come in for		~을 받다
	O X	go back on		(약속 등을) 안 지키다, 번복하다
	O X	let go of		~에서 손을 놓다
	O X	set up for		~라고 주장하다
03	O X	bring out		~을 출시하다, 끌어내다
	O X	turn into		~으로 변하다
	O X	agree with		~에게 동의하다, ~에 동의하다
	O X	bargain for		~을 상담하다, 흥정하다, 기대하다
04	O X	sympathize with		~을 동정하다
	O X	rush out		달려 나가다, 좌르르 흐르다
	O X	inquire into		~을 조사하다
	O X	pass over		~을 무시하다, 제외시키다, 넘어서다
05	O X	clean up		~을 치우다, 청소하다
	O X	steal away		몰래 사라지다
	O X	call back		(나중에) 다시 전화하다
	O X	bump into		~을 우연히 마주치다
06	O X	consist of		~으로 구성되다
	O X	look after		~을 배웅하다, 주의하다, 요구하다, 보살펴 주다
	O X	go through		~을 철저히 조사하다, 경험하다
	O X	beef about		~에 대해 불평하다
07	O X	accuse A of B		B 때문에 A를 비난[기소, 고발]하다
	O X	associate A with B		A와 B를 관련지어 생각하다
	O X	acquaint A with B		A에게 B를 알리다
	O X	take A for B		A를 B로 여기다
08	O X	get out of temper		화를 내다
	O X	sit on the fence		중립적인 태도를 취하다
	O X	hang by a thread		위기일발이다
	O X	follow suit		전례를 따르다
09	O X	in succession		연속하여, 연달아
	O X	nothing but		오직, 단지 ~일 뿐인
	O X	at the drop of a hat		즉시
	O X	in vain		헛되이

10	O	X	do sb. a favor		호의를 베풀다
	O	X	behave oneself		얌전히 굴다
	O	X	eat like a horse[bird]		아주 많이 먹다 [소식하다]
	O	X	lose one's mind		미치다, 실성하다, 열광하다
11	O	X	against all odds		난관에 맞서서
	O	X	down-to-earth		현실적인
	O	X	up to date		현대식의, 최신 유행의, 최신의
	O	X	out of date		구식의, 쓸모없는, 유효 기간이 지난
12	O	X	a couch potato		오랫동안 가만히 앉아 텔레비전만 보는 사람
	O	X	a breeze		쉽게 할 수 있는 일, 식은 죽 먹기
	O	X	a dead[good, real] bargain		헐값에 산 물건
	O	X	a wet blanket		흥을 깨는 사람

DAY 12 어휘 막판 테스트

Q. 주어진 어휘와 의미가 가장 가까운 것을 고르시오.

01 supplicate
① mount   ② palliate
③ illuminate   ④ plead

02 fortify
① abate   ② bestow
③ shorten   ④ consolidate

03 decline
① enrage   ② escape
③ reject   ④ pioneer

04 taciturn
① present   ② unquenchable
③ idiosyncratic   ④ reticent

05 baffle
① recover   ② bewilder
③ agitate   ④ disclaim

06 delegate
① gadget   ② plight
③ representative   ④ fallacy

07 equal
① pernicious   ② identical
③ planetary   ④ imprudent

08 inextricable
① inseparable   ② definite
③ celestial   ④ conclusive

09 insecure
① moderate   ② judicial
③ alternate   ④ unstable

10 pique
① defeat   ② delete
③ prosper   ④ offend

11 tumult
① impulse   ② passing
③ turmoil   ④ fatality

12 plague
① torment   ② refresh
③ ingratiate   ④ obtrude

13 frugal
① inquisitive   ② baneful
③ intolerant   ④ austere

14 cogitate
① downplay   ② muse
③ reclaim   ④ bolster

15 perpetual
① ecstatic   ② eternal
③ concerned   ④ ineffectual

정답   01 ④   02 ④   03 ③   04 ④   05 ②   06 ③   07 ②   08 ①   09 ④   10 ④   11 ③   12 ①   13 ④   14 ②   15 ②

DAY 12 어휘 막판 체크

회독 체크 ○○○○○

01				
	O	X	supplicate	간청하다, 탄원하다
	O	X	mount	오르다
	O	X	palliate	완화하다, 변명하다
	O	X	illuminate	조명하다, 계몽하다, 해명하다, 광채를 더하다
	O	X	plead	간청하다, 탄원하다, 변호하다
02	O	X	fortify	강화하다, 요새화하다
	O	X	abate	줄이다, 수축하다
	O	X	bestow	주다
	O	X	shorten	짧게 하다, 단축하다
	O	X	consolidate	강화시키다, 통합하다
03	O	X	decline	거절하다, 기울다, 쇠퇴하다, 하락하다; 기욺, 쇠퇴, 하락
	O	X	enrage	격분하게 만들다
	O	X	escape	탈출하다, 달아나다, 벗어나다
	O	X	reject	거절하다
	O	X	pioneer	개척하다; 개척자
04	O	X	taciturn	과묵한, 무뚝뚝한
	O	X	present	존재하는, 현재의; 선물; 증정하다, 제출하다, 나타내다
	O	X	unquenchable	충족시킬 수 없는, 채울 수 없는
	O	X	idiosyncratic	특유한, 기이한, 색다른
	O	X	reticent	과묵한, 말이 없는
05	O	X	baffle	당황하게 하다, 좌절시키다
	O	X	recover	회복하다
	O	X	bewilder	당황하게 하다, 혼란스럽게 만들다
	O	X	agitate	흔들다, 선동하다, 교란하다
	O	X	disclaim	거부하다, 부인하다
06	O	X	delegate	대표자; 위임하다, 선정하다
	O	X	gadget	도구, 장치
	O	X	plight	역경, 곤경
	O	X	representative	대표자, 대리인; 대표하는, 전형적인
	O	X	fallacy	오류, 틀린 생각
07	O	X	equal	동등한, 감당하는; 동등한 사람; ~와 같다, 필적하다
	O	X	pernicious	치명적인, 유해한
	O	X	identical	동일한, 똑같은
	O	X	planetary	행성의, 지구의
	O	X	imprudent	경솔한, 현명하지 못한

08	O	X	inextricable		불가분한
	O	X	inseparable		불가분한, 떼어놓을 수 없는
	O	X	definite		확실한, 분명한, 뚜렷한
	O	X	celestial		하늘의, 천체의
	O	X	conclusive		결정적인, 확실한
09	O	X	insecure		불안정한, 불안한, 걱정스러운
	O	X	moderate		온건한, 적당한, 중간의, 온화한; 완화하다
	O	X	judicial		사법의, 재판의
	O	X	alternate		번갈아 일어나다; 번갈아 하는
	O	X	unstable		불안정한
10	O	X	pique		불쾌하게 하다; 언짢음
	O	X	defeat		패배시키다; 패배
	O	X	delete		삭제하다
	O	X	prosper		번영하다, 번성하다
	O	X	offend		불쾌하게 하다, 위반하다
11	O	X	tumult		소란, 소동
	O	X	impulse		충동, 충격, 자극
	O	X	passing		통과, 경과; 통과하는
	O	X	turmoil		소란, 소동
	O	X	fatality		사망자, 치사율
12	O	X	plague		괴롭히다
	O	X	torment		괴롭히다, 곤란하게 하다; 고통, 괴롭힘
	O	X	refresh		활력을 돋우다
	O	X	ingratiate		환심을 사다, 비위를 맞추다
	O	X	obtrude		강요하다, 참견하다, 끼어들다, 내밀다
13	O	X	frugal		소박한, 간소한, 절약하는
	O	X	inquisitive		탐구적인, 호기심이 많은
	O	X	baneful		해로운, 치명적인
	O	X	intolerant		편협한, 참을 수 없는
	O	X	austere		소박한, 근엄한, 금욕적인
14	O	X	cogitate		숙고하다, 곰곰이 생각하다
	O	X	downplay		경시하다
	O	X	muse		숙고하다, 명상하다
	O	X	reclaim		개선하다, 개간하다, 길들이다
	O	X	bolster		강화시키다, 지지하다
15	O	X	perpetual		영속하는, 끊임없는
	O	X	ecstatic		황홀해하는, 열광하는
	O	X	eternal		영원한, 끊임없는
	O	X	concerned		걱정스러운, 관계하는, 관심을 가진
	O	X	ineffectual		효과 없는, 쓸데없는, 무익한

DAY 12 이디엄 막판 테스트

학습 날짜 : _____ 맞은 개수 : _____

Q. 주어진 의미와 가장 가까운 것을 고르시오.

01 기진맥진하게 하다, 다 타다
① break in ② dust down
③ burn out ④ come into

02 ~을 버리다, (재산, 기회 등을) 날리다
① turn on ② bring off
③ throw away ④ coincide with

03 ~을 속이다, 혹사하다, 학대하다
① bring in ② look at
③ slack off ④ put upon

04 ~을 인수하다, 넘겨받다, 떠맡다
① take over ② blow out
③ come across ④ run on

05 ~을 조사하다, 주의 깊게 살피다
① break down ② stamp out
③ look into ④ show up

06 ~을 포기하다, 그만두다
① give up ② teem with
③ wear away ④ let up

07 A에게 B를 알리다
① compare A with B
② fill A with B
③ convince A of B
④ inform A of B

08 ~을 열망하다
① be zealous for
② be interested in
③ be possessed with
④ be impressed with

09 ~에 비추어, ~을 고려하여
① in the wake of
② in light of
③ in the face of
④ in accordance with

10 ~와 사이가 나쁜
① at the expense of
② at the mercy of
③ at odds with
④ at the cost of

11 ~을 당연시하다
① take sth. into account
② bring sth. to life
③ take sth. for granted
④ bring sth. to an end

12 ~와 전혀 다른
① on hand
② contingent on
③ on a par with
④ a far cry from

정답 01 ③ 02 ③ 03 ④ 04 ① 05 ③ 06 ① 07 ④ 08 ① 09 ② 10 ③ 11 ③ 12 ④

DAY 12 이디엄 막판 체크

회독 체크 ○○○○○

01	O	X	break in		~에 침입하다, 길들이다
	O	X	dust down		(먼지를) 털다
	O	X	burn out		기진맥진하게 하다, 다 타다
	O	X	come into		(유산으로) 물려받다, (중요하게) 작용하다
02	O	X	turn on		(기계, 전기, 가스 등을) 켜다, ~에 달려 있다
	O	X	bring off		(어려운 일을) 해내다
	O	X	throw away		~을 버리다, (재산, 기회 등을) 날리다
	O	X	coincide with		~와 동시에 일어나다, 일치하다
03	O	X	bring in		~을 관여하게 하다, ~를 연행하다
	O	X	look at		~을 보다, 살피다
	O	X	slack off		게으름을 부리다
	O	X	put upon		~을 속이다, 혹사하다, 학대하다
04	O	X	take over		~을 인수하다, 넘겨받다, 떠맡다
	O	X	blow out		(불꽃이) 꺼지다, (가스를) 내뿜다
	O	X	come across		~을 우연히 마주치다, (특정한) 인상을 주다, 이해되다
	O	X	run on		계속되다, 길게 끌다
05	O	X	break down		고장나다, 실패하다, 아주 나빠지다
	O	X	stamp out		~을 근절하다
	O	X	look into		~을 조사하다, 주의 깊게 살피다
	O	X	show up		눈에 띄다, 나타나다, 당황하게 만들다
06	O	X	give up		~을 포기하다, 그만두다
	O	X	teem with		~으로 득실거리다, 들끓다
	O	X	wear away[down]		(차츰) 닳게 만들다
	O	X	let up		누그러지다, 느슨해지다
07	O	X	compare A with B		A를 B와 비교하다
	O	X	fill A with B		A를 B로 채우다
	O	X	convince A of B		A에게 B를 확신시키다
	O	X	inform A of B		A에게 B를 알리다
08	O	X	be zealous for		~을 열망하다
	O	X	be interested in		~에 관심[흥미]이 있다
	O	X	be possessed with		~에 사로잡혀 있다
	O	X	be impressed with		~에 감동하다
09	O	X	in the wake of		~에 뒤이어, ~의 결과로서
	O	X	in light of		~에 비추어, ~을 고려하여
	O	X	in the face of		~에 직면하여, ~에도 불구하고
	O	X	in accordance with		~에 따라서, 부합되게

10	O	X	at the expense of		~을 희생해서
	O	X	at the mercy of		~의 처분대로
	O	X	at odds with		~와 사이가 나쁜
	O	X	at the cost of		~를 희생하면서, ~을 대가로
11	O	X	take sth. into account		~을 고려하다
	O	X	bring sth[sb] to life		~에게 활기를 불어넣다
	O	X	take sth[sb] for granted		~을 당연시하다
	O	X	bring sth. to an end		~을 끝내다, 마치다
12	O	X	on hand		(도움을) 얻을 수 있는
	O	X	contingent (up)on		~여하에 달린
	O	X	on a par with		~와 동등한, 같은
	O	X	a far cry from		~와 전혀 다른

DAY 13 어휘 막판 테스트

학습 날짜: _____ 맞은 개수: _____

Q. 주어진 어휘와 의미가 가장 가까운 것을 고르시오.

01 indignant
① prejudiced ② inactive
③ desolate ④ vexed

02 unintelligible
① copious ② slight
③ abstruse ④ vivacious

03 ingenuous
① ludicrous ② modern
③ naive ④ twisted

04 notorious
① endemic ② sage
③ ingrained ④ infamous

05 deteriorate
① deport ② spread
③ deplete ④ worsen

06 initiate
① launch ② fixate
③ glorify ④ hover

07 placate
① conciliate ② subscribe
③ reprehend ④ culminate

08 shrink
① overtake ② encompass
③ contract ④ dodge

09 spontaneous
① poised ② energetic
③ disreputable ④ impromptu

10 delicate
① feeble ② imperative
③ rigid ④ lenient

11 astonishing
① striking ② ostentatious
③ contentious ④ chronic

12 buttress
① recant ② forbid
③ degenerate ④ support

13 eliminate
① skyrocket ② dilate
③ invigorate ④ obliterate

14 encapsulate
① express ② summarize
③ compose ④ settle

15 infer
① deduce ② succumb
③ handle ④ allege

정답 01 ④ 02 ③ 03 ③ 04 ④ 05 ④ 06 ① 07 ① 08 ③ 09 ④ 10 ① 11 ① 12 ④ 13 ④ 14 ② 15 ①

DAY 13 어휘 막판 체크

회독 체크 ○○○○○

01	O X	indignant		성난, 분개한
	O X	prejudiced		편견을 가진, 편파적인, 불공평한
	O X	inactive		활동하지 않는, 나태한, 비활성의
	O X	desolate		황량한, 쓸쓸한; 황폐시키다
	O X	vexed		성난, 짜증 나는, 말썽 많은
02	O X	unintelligible		난해한, 이해할 수 없는
	O X	copious		풍부한, 풍족한
	O X	slight		하찮은, 시시한; 폄하하다, 무시하다
	O X	abstruse		심오한, 난해한
	O X	vivacious		활발한, 쾌활한, (식물) 다년생의
03	O X	ingenuous		순진한, 솔직한
	O X	ludicrous		터무니없는, 우스꽝스러운
	O X	modern		현대의, 근대의, 최신의
	O X	naive		순진한, 소박한
	O X	twisted		꼬인, 비뚤어진, 왜곡된
04	O X	notorious		악명 높은
	O X	endemic		고유의, 풍토적인; 풍토병
	O X	sage		현명한; 현자
	O X	ingrained		깊이 배어든, 뿌리 깊은, 타고난
	O X	infamous		악명 높은, 수치스러운
05	O X	deteriorate		악화시키다
	O X	deport		추방하다, 이송하다, 처신하다
	O X	spread		펴다, 뿌리다, 퍼지다
	O X	deplete		고갈시키다, 격감시키다
	O X	worsen		악화시키다
06	O X	initiate		시작하다, 착수하다, 가입시키다
	O X	launch		시작하다, 착수하다; 출시
	O X	fixate		고정시키다, 응시하다
	O X	glorify		칭찬하다, 찬미하다
	O X	hover		공중을 맴돌다, 배회하다
07	O X	placate		완화시키다, 달래다
	O X	conciliate		완화시키다, 달래다
	O X	subscribe		구독하다, 가입하다
	O X	reprehend		꾸짖다, 비난하다
	O X	culminate		끝내다, 최고조에 달하다

08	O	X	shrink		줄이다, 수축하다
	O	X	overtake		추월하다, 앞지르다, 따라잡다
	O	X	encompass		포함하다, 둘러싸다
	O	X	contract		줄이다, 수축하다, 계약하다; 계약
	O	X	dodge		피하다, 회피하다; 책략
09	O	X	spontaneous		즉흥적인, 자발적인
	O	X	poised		침착한, 공중에 떠 있는, (~할) 준비가 된
	O	X	energetic		활동적인, 강력한, 효과적인
	O	X	disreputable		평판이 좋지 않은
	O	X	impromptu		즉흥적인, 임시변통의
10	O	X	delicate		연약한, 섬세한, 정교한, 세심한
	O	X	feeble		연약한, 허약한, 희미한
	O	X	imperative		필수적인, 긴급한, 명령하는
	O	X	rigid		완고한, 융통성 없는, 엄격한, 단단한
	O	X	lenient		관대한
11	O	X	astonishing		놀라운, 믿기 힘든, 깜짝 놀랄 만한
	O	X	striking		놀라운, 주목할 만한, 때리는, 파업 중인
	O	X	ostentatious		과시하는, 호사스러운
	O	X	contentious		다투기 좋아하는, 말썽이 있는
	O	X	chronic		장기간에 걸친, 만성적인, 고질적인
12	O	X	buttress		지지하다
	O	X	recant		취소하다, 철회하다, 부인하다
	O	X	forbid		금지하다, 막다
	O	X	degenerate		퇴보시키다, 타락시키다; 퇴화한; 타락자, 퇴화한 것
	O	X	support		지지하다, 유지하다, 떠받치다, 부양하다; 받침, 부양
13	O	X	eliminate		없애다, 제거하다
	O	X	skyrocket		급등하다
	O	X	dilate		넓히다, 팽창시키다
	O	X	invigorate		기운 나게 하다, 상쾌하게 하다, 고무하다
	O	X	obliterate		없애다, 지우다
14	O	X	encapsulate		요약하다, 압축하다
	O	X	express		표현하다; 급행의, 신속한
	O	X	summarize		요약하다
	O	X	compose		구성하다
	O	X	settle		해결하다, 결정하다, 정착하다, 자리를 잡다
15	O	X	infer		추론하다, 암시하다
	O	X	deduce		추론하다, (유래를) 찾다
	O	X	succumb		굴복하다
	O	X	handle		다루다, 취급하다; 손잡이
	O	X	allege		단언하다, 주장하다

DAY 13 이디엄 막판 테스트

학습 날짜 : _____   맞은 개수 : _____

Q. 주어진 의미와 가장 가까운 것을 고르시오.

01 ~인 것으로 밝혀지다
① conform to   ② set down
③ pass for   ④ turn out

02 ~을 건네주다, 양도하다
① try out   ② hand over
③ hold on   ④ ball out

03 ~을 간청하다, 요청하다
① call at   ② ask for
③ let out   ④ stand for

04 ~을 양도하다, 고치다
① make over   ② ask after
③ waste away   ④ sweep out

05 ~을 요구하다
① go out   ② get on
③ take off   ④ call for

06 ~을 의지하다
① run for   ② show off
③ rest on   ④ bring forward

07 ~하도록 애쓰다, 간신히 ~하다
① learn to 동사원형
② contrive to 동사원형
③ manage to 동사원형
④ happen to 동사원형

08 결코 ~이 아닌
① no more than
② by no means
③ let alone
④ to the detriment of

09 두각을 나타내다
① cut a fine figure
② take steps
③ learn the ropes
④ come to grief

10 무서워하다, 주눅 들다
① make good
② break the ice
③ get cold feet
④ earn a living

11 부작용
① every walk of life
② side effects
③ dead end
④ a near thing

12 우울한 얼굴을 하다
① hit the bottle
② pull a long face
③ take to one's legs
④ fall off the wagon

정답 01 ④ 02 ② 03 ② 04 ① 05 ④ 06 ③ 07 ③ 08 ② 09 ① 10 ③ 11 ② 12 ②

DAY 13 이디엄 막판 체크

회독 체크 ○○○○○

01	O	X	conform to[with]		~을 합치하다, 따르다
	O	X	set down		(원칙 등으로) 정하다, 적어 두다
	O	X	pass for		~으로 통하다
	O	X	turn out		~인 것으로 밝혀지다, 모습을 드러내다, 되어 가다
02	O	X	try out		~을 시험 삼아 해보다
	O	X	hand over		~을 건네주다, 양도하다
	O	X	hold on		(명령문 형태) 기다려, 견뎌내다
	O	X	ball out		~을 구하다
03	O	X	call at		~에 방문하다
	O	X	ask for		~을 간청하다, 요청하다
	O	X	let out		(비밀을) 말하다, 끝나다
	O	X	stand for		~을 상징하다, 의미하다, 대표하다, 옹호하다
04	O	X	make over		~을 양도하다, 고치다
	O	X	ask[inquire] after		~의 안부를 묻다
	O	X	waste away		쇠약해지다
	O	X	sweep out		~을 쓸어내다, 없애다
05	O	X	go out		외출하다, 유행이 지나다
	O	X	get on		~에 올라타다, 성공하다
	O	X	take off		이륙하다, 벗다, 떠나다, 유행하다
	O	X	call for		~을 요구하다
06	O	X	run for		입후보하다, 부르러 달려가다
	O	X	show off		~을 자랑하다, 으스대다, 돋보이게 하다
	O	X	rest on		~을 의지하다, 시선이 머물다, 기초하다
	O	X	bring forward		~을 제시하다, 앞당기다
07	O	X	learn[come] to 동사원형		~하게 되다
	O	X	contrive to 동사원형		어떻게든 ~하다
	O	X	manage to 동사원형		~하도록 애쓰다, 간신히 ~하다
	O	X	happen to 동사원형		우연히 ~하다
08	O	X	no more than		겨우, 단지 ~에 지나지 않다, ~일 뿐
	O	X	by no means		결코 ~이 아닌
	O	X	let alone		~은 말할 것도 없이
	O	X	to the detriment of		결국 ~을 해치며
09	O	X	cut a fine figure		두각을 나타내다
	O	X	take steps		조치를 취하다
	O	X	learn the ropes		요령을 터득하다
	O	X	come to grief		실패로 끝나다, 사고를 당하다

10	O	X	make good		성공하다, 부자가 되다
	O	X	break the ice		서먹한 분위기를 깨다
	O	X	get[have] cold feet		무서워하다, 주눅 들다
	O	X	earn a living		생계를 꾸리다, 생활비를 벌다
11	O	X	every[all] walk of life		온갖 계층의 사람들
	O	X	side effects		부작용
	O	X	dead end		막다른 길, 막다른 지경
	O	X	a near thing		위기일발, 구사일생
12	O	X	hit the bottle		술을 많이 마시다, 취하다
	O	X	pull[have] a long face		우울한 얼굴을 하다
	O	X	take to one's legs[heels]		도주하다
	O	X	fall off the wagon		절제를 잃다, 다시 술을 마시기 시작하다

DAY 14 어휘 막판 테스트

Q. 주어진 어휘와 의미가 가장 가까운 것을 고르시오.

01 adamant
① perfect ② liable
③ determined ④ faultless

02 confound
① unveil ② disconcert
③ counteract ④ quarantine

03 shift
① ingest ② modify
③ disdain ④ meditate

04 conspicuous
① compelling ② obvious
③ facetious ④ intermittent

05 apportion
① repulse ② deflate
③ allocate ④ extol

06 denounce
① store ② bloom
③ rekindle ④ decry

07 trespass
① linger ② falter
③ glow ④ invade

08 sneer
① encourage ② mock
③ publicize ④ advocate

09 compliment
① fire ② cloy
③ acclaim ④ forestall

10 quarrel
① brawl ② drawback
③ surveillance ④ homage

11 supplant
① supersede ② extinguish
③ anguish ④ adulterate

12 repugnant
① touching ② fallacious
③ intrinsic ④ offensive

13 exasperate
① collapse ② convoke
③ provoke ④ console

14 deplore
① mourn ② soar
③ prioritize ④ beguile

15 ascertain
① outlaw ② confirm
③ polarize ④ withhold

정답 01 ③ 02 ② 03 ② 04 ② 05 ③ 06 ④ 07 ④ 08 ② 09 ③ 10 ① 11 ① 12 ④ 13 ③ 14 ① 15 ②

DAY 14 어휘 막판 체크

01	O X	adamant	단호한, 확고한
	O X	perfect	완벽한
	O X	liable	~하기 쉬운, ~할 것 같은, ~의 영향을 받기 쉬운
	O X	determined	단호한, 결정된, 한정된
	O X	faultless	결점이 없는, 완벽한
02	O X	confound	당황하게 하다, 혼동하다
	O X	unveil	(비밀 등을) 밝히다, 덮개를 벗기다
	O X	disconcert	당황스럽게 만들다, 혼란시키다
	O X	counteract	거스르다, 방해하다
	O X	quarantine	격리하다; 격리
03	O X	shift	바꾸다, 변하다
	O X	ingest	(음식, 약 등을) 삼키다, 먹다
	O X	modify	바꾸다, 수정하다, 조정하다
	O X	disdain	경멸하다; 경멸
	O X	meditate	계획하다, 숙고하다, 명상하다
04	O X	conspicuous	명백한, 분명한
	O X	compelling	강제적인, 억지스러운
	O X	obvious	명백한, 분명한
	O X	facetious	경박한, 까부는
	O X	intermittent	간헐적인
05	O X	apportion	배분하다, 할당하다
	O X	repulse	격퇴하다, 거절하다, 혐오감을 주다
	O X	deflate	공기를 빼다, 수축시키다, (자신, 희망 등을) 꺾다
	O X	allocate	배분하다, 할당하다
	O X	extol	극찬하다
06	O X	denounce	비난하다, 고발하다
	O X	store	저장하다, 축적하다; 상점, 저장
	O X	bloom	꽃이 피다, 혈색이 돌다; 꽃
	O X	rekindle	다시 불러일으키다
	O X	decry	비난하다, 가치를 떨어뜨리다
07	O X	trespass	침입하다, 침해하다, 위반하다
	O X	linger	꾸물거리다, (시간을) 빈둥빈둥 보내다
	O X	falter	불안정해지다, 흔들리다
	O X	glow	빛나다, 발갛다, 타오르다; 불빛
	O X	invade	침입하다, 침략하다, 침범하다, 침해하다

08	O	X	sneer		비웃다, 놀리다
	O	X	encourage		격려하다, 장려하다, 조장하다
	O	X	mock		비웃다, 놀리다
	O	X	publicize		알리다, 광고하다, 홍보하다
	O	X	advocate		옹호하다, 지지하다; 옹호자
09	O	X	compliment		칭찬하다, 칭송하다
	O	X	fire		사격하다, 해고하다; 불
	O	X	cloy		싫어하다, 혐오하다
	O	X	acclaim		칭찬하다, 칭송하다
	O	X	forestall		앞지르다, 방해하다
10	O	X	quarrel		말다툼; 다투다, 말다툼하다
	O	X	brawl		말다툼; 말다툼하다
	O	X	drawback		결점, 문제점
	O	X	surveillance		감시, 감독
	O	X	homage		경의, 존경
11	O	X	supplant		대체하다, 대신하다
	O	X	supersede		대체하다, 대신하다
	O	X	extinguish		(불을) 끄다, 끝내다, 없애다
	O	X	anguish		괴롭히다, 괴로워하다; 고통, 고뇌
	O	X	adulterate		불순물을 섞다, 질을 떨어뜨리다
12	O	X	repugnant		불쾌한, 모순된, 반대하는
	O	X	touching		감동적인
	O	X	fallacious		그릇된, 허위의
	O	X	intrinsic		고유한, 본질적인
	O	X	offensive		불쾌한, 화나게 하는, 모욕적인, 공격적인
13	O	X	exasperate		화나게 하다, 악화시키다
	O	X	collapse		부수다, 부서지다
	O	X	convoke		소집하다
	O	X	provoke		화나게 하다, 유발하다, 자극하다
	O	X	console		완화시키다, 달래다
14	O	X	deplore		비탄하다, 한탄하다, 비난하다
	O	X	mourn		비탄하다
	O	X	soar		급등하다, 치솟다
	O	X	prioritize		~에 우선순위를 매기다
	O	X	beguile		속이다, 위조하다
15	O	X	ascertain		확인하다, 알아내다
	O	X	outlaw		금지하다
	O	X	confirm		확인하다
	O	X	polarize		양극화되다, 분열시키다
	O	X	withhold		억누르다, 보류하다, 자제하다

DAY 14 이디엄 막판 테스트

학습 날짜: _____ 맞은 개수: _____

Q. 주어진 의미와 가장 가까운 것을 고르시오.

01 ~을 극복하게 하다
① swear at   ② line up
③ pull through   ④ weigh down

02 ~을 초래하다
① break off   ② set by
③ shrink from   ④ lead to

03 ~을 시중들다
① cross out   ② attend on
③ come along   ④ fill out

04 유행하다, 인기를 얻다
① keep down   ② hang up
③ catch on   ④ get through

05 ~에 굴복하다, 복종하다
① root for   ② submit to
③ tamper with   ④ get up

06 ~에 걸리다, ~로 앓아눕다
① go down with   ② hold on to
③ keep pace with   ④ fill in for

07 ~을 대신하여
① with respect to
② regardless of
③ owing to
④ in place of

08 ~을 경시하다
① hold fast to
② think little of
③ turn up trumps
④ do justice to

09 가까이에 있는, 임박한
① on a sudden
② in one's birthday clothes
③ around the corner
④ over the counter

10 고장 난, 정리가 안 된, 제멋대로인
① out of sight
② out of order
③ out of the picture
④ out of the blue

11 몸이 안 좋은
① wide of the mark
② under the counter
③ under the weather
④ next to none

12 해고되다
① get the sack
② hit the gas
③ go broke
④ make it

정답 01 ③ 02 ④ 03 ② 04 ③ 05 ② 06 ① 07 ④ 08 ② 09 ③ 10 ② 11 ③ 12 ①

DAY 14 이디엄 막판 체크

회독 체크 ○○○○○

01				
	O X	swear at		~을 욕하다
	O X	line up		~을 줄을 서다
	O X	pull through		~을 극복하게 하다, 살아남다, 회복하다, (힘든 일을) 해내다
	O X	weigh down		~을 짓누르다
02	O X	break off		분리되다, 갈라지다, 일을 멈추다
	O X	set by		~에 저장해 두다, 중시하다
	O X	shrink from		~을 꺼리다, 피하다
	O X	lead to		~을 초래하다
03	O X	cross out[off]		~을 줄을 그어 지우다
	O X	attend on		~을 시중들다
	O X	come along		나타나다, 도착하다, 동행하다
	O X	fill out		~을 작성하다, 더 커지다
04	O X	keep down		~을 억누르다, 진압하다
	O X	hang up		전화를 끊다
	O X	catch on		유행하다, 인기를 얻다
	O X	get through		~을 통과하다, 이해시키다, 완수하다, 전화를 연결해주다
05	O X	root for		~을 응원하다
	O X	submit to		~에 굴복하다, 복종하다
	O X	tamper with		~을 손대다, 건드리다, 조작하다
	O X	get up		일어나다, (바다, 바람이) 거세지다
06	O X	go down with		~에 걸리다, ~로 앓아눕다
	O X	hold on to		~을 고수하다, 계속 보유하다, 보관하다
	O X	keep pace with		~와 보조를 맞추다, ~에 따라가다
	O X	fill in for		~을 대신하다, 대리하다
07	O X	with respect to		~에 관하여, ~에 대하여
	O X	regardless of		~에 상관없이
	O X	owing to		~때문에
	O X	in place of		~을 대신하여
08	O X	hold fast (to)		~을 계속 고수하다, 꼭 잡다
	O X	think little[nothing] of		~을 경시하다
	O X	turn up trumps		기대 이상의 성과를 거두다
	O X	do justice to		~을 공정하게 대하다, ~을 제대로 다루다

09	O	X	on[all of] a sudden		밑도 끝도 없이, 불현듯이
	O	X	in one's birthday clothes		맨몸으로
	O	X	around the corner		가까이에 있는, 임박한
	O	X	over the counter		(약이) 처방전 없이 살 수 있는
10	O	X	out of sight		안 보이는
	O	X	out of order		고장 난, 정리가 안 된, 제멋대로인
	O	X	out of the picture		관계가 없는, 중요하지 않은, 잘못 짚은
	O	X	out of the blue		갑자기, 난데없이
11	O	X	wide of the mark		빗나간, 틀린
	O	X	under the counter		불법으로
	O	X	under the weather		몸이 안 좋은
	O	X	next[second] to none		아무에게도 뒤지지 않는
12	O	X	get the sack[bird, boot]		해고되다
	O	X	hit[step on] the gas		속도를 내다, 서두르다
	O	X	go broke[under]		파산하다[망하다]
	O	X	make it		성공하다, 시간 맞춰 가다, 참석하다

DAY 15 어휘 막판 테스트

Q. 주어진 어휘와 의미가 가장 가까운 것을 고르시오.

01 tremendous
① sedate ② natural
③ colossal ④ disposable

02 incompliant
① embryonic ② obdurate
③ tactful ④ collateral

03 assail
① shuffle ② acquaint
③ besiege ④ validate

04 charitable
① aggregate ② indulgent
③ herbivorous ④ blithe

05 agile
① incongruous ② peaceful
③ alert ④ decipherable

06 despondent
① evitable ② flamboyant
③ actual ④ discouraged

07 abuse
① coherence ② subject
③ legislature ④ misuse

08 slack
① idle ② disenchanted
③ volatile ④ credible

09 audacious
① botanical ② tentative
③ daring ④ habitual

10 sporadic
① vile ② amiable
③ extraordinary ④ infrequent

11 lift
① blemish ② impose
③ avenge ④ raise

12 verbose
① immoral ② wordy
③ nervous ④ opaque

13 mortify
① admit ② patronize
③ humiliate ④ reproduce

14 mesmerize
① understand ② bewitch
③ attest ④ annex

15 desist
① quit ② indemnify
③ galvanize ④ accept

정답 01 ③ 02 ② 03 ③ 04 ② 05 ③ 06 ④ 07 ④ 08 ① 09 ③ 10 ④ 11 ④ 12 ② 13 ③ 14 ② 15 ①

DAY 15 어휘 막판 체크

회독 체크 ○○○○○

01	O X	tremendous		거대한, 굉장한, 무서운
	O X	sedate		차분한, 침착한; 진정시키다
	O X	natural		자연의, 타고난
	O X	colossal		거대한
	O X	disposable		처분할 수 있는, 일회용의
02	O X	incompliant		고집 센, 순종하지 않는
	O X	embryonic		초기의, 배아의
	O X	obdurate		고집 센
	O X	tactful		재치 있는, 약삭빠른
	O X	collateral		종속적인, 부수적인, 보조의
03	O X	assail		공격하다, 괴롭히다
	O X	shuffle		이리저리 움직이다; 섞기
	O X	acquaint		익히 알게 하다, 알리다
	O X	besiege		공격하다
	O X	validate		입증하다, 비준하다, 허가하다
04	O X	charitable		관대한, 너그러운
	O X	aggregate		총계의; 집합, 총계; 모으다
	O X	indulgent		관대한, 멋대로 하게 하는
	O X	herbivorous		초식성의
	O X	blithe		쾌활한, 태평스러운
05	O X	agile		기민한, 민첩한, 예민한
	O X	incongruous		조화하지 않는, 어울리지 않는, 모순된
	O X	peaceful		평화로운
	O X	alert		기민한, 경계하는; 경고하다; 경보
	O X	decipherable		해독할 수 있는, 판독할 수 있는
06	O X	despondent		낙담한
	O X	evitable		피할 수 있는
	O X	flamboyant		현란한, 화려한
	O X	actual		현실의, 실제의, 사실상의
	O X	discouraged		낙담한
07	O X	abuse		남용, 학대; 남용하다, 학대하다
	O X	coherence		일관성
	O X	subject		주제, 학과, 백성, 피실험자, 주체; ~의 영향을 받기 쉬운, 복종하는; 복종시키다
	O X	legislature		입법부
	O X	misuse		남용; 남용하다

08	O	X	slack		태만한, 늘어진, 꾸물거리는
	O	X	idle		나태한, 게으른, 한가한, 쓸데없는; 빈둥거리며 보내다
	O	X	disenchanted		환멸을 느낀, 환상이 깨진
	O	X	volatile		휘발성의, 변덕스러운, 불안정한
	O	X	credible		신뢰할 수 있는
09	O	X	audacious		대담한, 뻔뻔스러운, 기발한
	O	X	botanical		식물의, 식물학의
	O	X	tentative		시험적인, 일시적인, 임시의, 망설이는
	O	X	daring		대담한, 용감한; 대담성
	O	X	habitual		습관적인, 상습적인, 타고난
10	O	X	sporadic		때때로 일어나는, 우발적인
	O	X	vile		비열한, 몹시 나쁜
	O	X	amiable		붙임성 있는, 상냥한
	O	X	extraordinary		비범한, 놀라운, 임시의
	O	X	infrequent		이따금 있는, 아주 드문
11	O	X	lift		들어올리다, 향상시키다; 올림, 차에 태워 줌
	O	X	blemish		비난하다, 모욕하다
	O	X	impose		부과하다, 도입하다, 시행하다, 강요하다
	O	X	avenge		복수하다, 앙갚음하다
	O	X	raise		들어올리다, 일으키다, 향상시키다, 기르다; 증가
12	O	X	verbose		말수가 많은, 장황한
	O	X	immoral		비도덕적인, 부도덕한
	O	X	wordy		말 많은, 장황한, 말의
	O	X	nervous		불안한, 신경질의, 신경의
	O	X	opaque		불투명한, 불분명한
13	O	X	mortify		굴욕감을 주다, 억제하다
	O	X	admit		인정하다, 허락하다, 들어오게 하다
	O	X	patronize		보호하다, 후원하다
	O	X	humiliate		굴욕감을 주다
	O	X	reproduce		복사하다, 재생하다, 번식시키다
14	O	X	mesmerize		매혹하다, 유혹하다
	O	X	understand		이해하다, 알다
	O	X	bewitch		매혹하다, 유혹하다
	O	X	attest		증명하다, 입증하다, 증언하다
	O	X	annex		부가하다, 합병하다; 부가물
15	O	X	desist		그만두다, 단념하다
	O	X	quit		그만두다
	O	X	indemnify		배상하다, 보상하다
	O	X	galvanize		자극하다
	O	X	accept		받아들이다

DAY 15 이디엄 막판 테스트

학습 날짜: _____ 맞은 개수: _____

Q. 주어진 의미와 가장 가까운 것을 고르시오.

01 (~단체 등에) 속하다
① lay out   ② play up
③ run out   ④ belong to

02 ~에 단호한 조치를 취하다
① go through with   ② go in for
③ crack down on   ④ get back at

03 완료되지 못하다, 실패로 끝나다
① put on   ② fall through
③ run after   ④ pick on

04 ~을 계속하다
① kick in   ② pick out
③ keep on   ④ fool around

05 ~에 반대하다
① pull in   ② foul up
③ glance over ④ object to

06 형편이 더 나은
① sick of   ② better off
③ later on   ④ free from

07 ~에 열중하다
① be bad at
② be capable of
③ be absorbed in
④ be badly off

08 수박 겉핥기식으로 하다
① count for much
② scratch the surface of
③ read between the lines
④ get off the hook

09 우선
① up a tree
② for a song
③ hat in hand
④ first of all

10 직접적으로
① in short
② around the clock
③ at first hand
④ into the bargain

11 ~이 부족하다, ~이 다 소진되다
① be at home in
② pull one's leg
③ run short of
④ have it out with

12 갑자기 큰돈을 벌다
① make a killing
② jump the gun
③ let off steam
④ cut it fine

정답 01 ④ 02 ③ 03 ② 04 ③ 05 ④ 06 ② 07 ③ 08 ② 09 ④ 10 ③ 11 ③ 12 ①

DAY 15 이디엄 막판 체크

회독 체크 ○○○○○

01				
	O	X	lay out	~을 펼치다, 투자하다, 질책하다, 설계하다
	O	X	play up	~을 중시하다, 선전하다, ~을 괴롭히다, 과대평가하다
	O	X	run out	기간이 만료되다
	O	X	belong to	(~단체 등에) 속하다
02	O	X	go through with	~을 끝까지 해내다
	O	X	go in for	~에 응시하다, ~에 참가하다, ~에 관심이 있다
	O	X	crack down on	~에 단호한 조치를 취하다, ~을 단속하다
	O	X	get back at	~에게 복수하다
03	O	X	put on	~을 상연하다, 몸에 걸치다, 가장하다, 놀리다, 과장하다
	O	X	fall through	완료되지 못하다, 실패로 끝나다
	O	X	run after	~을 뒤쫓다
	O	X	pick on	~을 비난하다, 괴롭히다
04	O	X	kick in	효과가 나타나기 시작하다, (자기 몫의 돈, 도움을) 주다
	O	X	pick out	~을 선택하다, 뽑아내다, 가려내다, 장식하다
	O	X	keep on	~을 계속하다
	O	X	fool around	빈둥거리다, 시간을 낭비하다
05	O	X	pull in	차를 세우다, (역으로) 들어와 서다
	O	X	foul up	(일을) 엉망으로 만들다, 망치다
	O	X	glance over	~을 대충 보다
	O	X	object to	~에 반대하다
06	O	X	sick of	~에 싫증이 난
	O	X	better off	형편이 더 나은
	O	X	later on	후에, 나중에
	O	X	free from	~을 면한, ~의 염려가 없는
07	O	X	be bad at	~을 잘하지 못하다
	O	X	be capable of	~할 수 있다
	O	X	be absorbed in	~에 열중하다
	O	X	be badly off	궁핍하다
08	O	X	count for much	매우 중요하다
	O	X	scratch the surface (of)	수박 겉핥기식으로 하다
	O	X	read between the lines	행간[속뜻]을 읽다
	O	X	get (sb.) off the hook	곤경을 면하다

09	O	X	up a tree		곤경에 빠져
	O	X	for a song		헐값에
	O	X	hat in hand		공손하게
	O	X	first of all		우선
10	O	X	in short		간단히 말해서
	O	X	around the clock		24시간 내내
	O	X	at first[second] hand		직접적으로[간접적으로]
	O	X	into the bargain		게다가, 또한, 덤으로
11	O	X	be at home in		~에 능숙하다, ~에 대해 자세히 알고 있다
	O	X	pull one's leg		~를 놀리다
	O	X	run short of		~이 부족하다, ~이 다 소진되다
	O	X	have it out with		~와 결말을 짓다
12	O	X	make a killing		갑자기 큰돈을 벌다[크게 한몫 잡다]
	O	X	jump the gun		경솔하게 행동하다
	O	X	let[blow] off steam		화를 풀다
	O	X	cut[run] it fine		(시간, 돈을) 바싹 줄이다, 아슬아슬한 짓을 하다

DAY 16 어휘 막판 테스트

학습 날짜 : _____ 맞은 개수 : _____

Q. 주어진 어휘와 의미가 가장 가까운 것을 고르시오.

01 encumber
① cramp   ② breed
③ indicate   ④ pretend

02 ordinary
① irresolute   ② mediocre
③ akin   ④ fake

03 affable
① succinct   ② imperceptible
③ susceptible   ④ genial

04 indiscreet
① insistent   ② vehement
③ pompous   ④ careless

05 considerable
① substantial   ② empirical
③ associated   ④ condescending

06 lament
① fade   ② amend
③ exhort   ④ sorrow

07 initial
① intractable   ② incipient
③ exorbitant   ④ concrete

08 discreet
① insuperable   ② upbeat
③ prudent   ④ continuous

09 erroneous
① miraculous   ② impregnable
③ exponential   ④ mistaken

10 deadly
① fair   ② spiral
③ soluble   ④ fatal

11 discrete
① humdrum   ② solid
③ separate   ④ recurrent

12 disparage
① vibrate   ② close
③ dispense   ④ belittle

13 emancipate
① tap   ② reprimand
③ dumbfound   ④ liberate

14 integral
① perverse   ② blind
③ fundamental   ④ deft

15 reckon
① calculate   ② deter
③ veto   ④ resemble

정답   01 ①   02 ②   03 ④   04 ④   05 ①   06 ④   07 ②   08 ③   09 ④   10 ④   11 ③   12 ④   13 ④   14 ③   15 ①

DAY 16 어휘 막판 체크

회독 체크 ○○○○○

01	O X	encumber		방해하다, 막다
	O X	cramp		방해하다, 막다
	O X	breed		(새끼를) 낳다, 사육하다, 양육하다
	O X	indicate		가리키다, 지적하다, 나타내다, 표시하다
	O X	pretend		~인 체하다, ~하는 흉내를 내다, 감히 ~하다
02	O X	ordinary		보통의, 일상적인, 평범한
	O X	irresolute		결단력이 없는, 우유부단한
	O X	mediocre		보통의, 평범한
	O X	akin		~와 유사한
	O X	fake		가짜의; 위조품; 위조하다
03	O X	affable		상냥한, 사근사근한, 정중한
	O X	succinct		간결한, 간단명료한
	O X	imperceptible		감지할 수 없는, 미세한
	O X	susceptible		~의 영향을 받기 쉬운, 민감한, ~의 여지가 있는
	O X	genial		상냥한, 다정한
04	O X	indiscreet		부주의한, 분별없는, 경솔한
	O X	insistent		강요하는, 우기는, 끈질긴
	O X	vehement		격렬한, 열정적인
	O X	pompous		거만한, 오만한
	O X	careless		부주의한
05	O X	considerable		상당한, 꽤
	O X	substantial		상당한 (양의), 실제적인, 튼튼한
	O X	empirical		경험적인, 경험상의, 실증적인
	O X	associated		관련된, 연합의
	O X	condescending		거들먹거리는, 잘난 체하는
06	O X	lament		슬퍼하다, 애도하다
	O X	fade		(색이) 바래다, 서서히 사라지다
	O X	amend		고치다, 수정하다
	O X	exhort		권고하다, 훈계하다
	O X	sorrow		슬퍼하다; 슬픔, 비애
07	O X	initial		처음의, 초기의; 머리글자
	O X	intractable		고집 센, 완고한, 처리하기 힘든
	O X	incipient		처음의, 초기의, 시작의
	O X	exorbitant		과도한, 지나친
	O X	concrete		구체적인, 명확한; 콘크리트

08	O	X	discreet		신중한, 조심스러운
	O	X	insuperable		극복하기 어려운, 무적의
	O	X	upbeat		긍정적인, 낙관적인
	O	X	prudent		신중한, 조심성 있는, 분별 있는
	O	X	continuous		끊임없는, 영구적인
09	O	X	erroneous		잘못된, 틀린
	O	X	miraculous		기적적인, 초자연적인, 놀라운
	O	X	impregnable		난공불락의, 무적의, 확고한
	O	X	exponential		기하급수적인, 급격한
	O	X	mistaken		잘못된, 틀린
10	O	X	deadly		치명적인, 죽은 듯한
	O	X	fair		공정한, 타당한; 공정하게
	O	X	spiral		나선형의; 소용돌이; 나선형을 그리다
	O	X	soluble		녹는, 해결 가능한
	O	X	fatal		치명적인
11	O	X	discrete		분리된, 별개의
	O	X	humdrum		단조로운, 따분한
	O	X	solid		단단한, 고체의, 견고한
	O	X	separate		분리된, 개별적인; 분리하다, 떼어놓다, 구별하다
	O	X	recurrent		되풀이되는, 반복되는
12	O	X	disparage		폄하하다
	O	X	vibrate		흔들리다, 진동하다, 감동하다
	O	X	close		닫다, 숨기다, 덮다; 가까운
	O	X	dispense		나눠주다, 제공하다, (약을) 조제하다
	O	X	belittle		폄하하다, 무시하다
13	O	X	emancipate		해방하다, 석방하다
	O	X	tap		가볍게 두드리다; 가볍게 두드림, (수도 등의) 꼭지
	O	X	reprimand		꾸짖다, 질책하다
	O	X	dumbfound		(너무 놀라서) 말을 못 하게 만들다
	O	X	liberate		해방하다, 석방하다
14	O	X	integral		필수적인, 완전한
	O	X	perverse		괴팍한, 심술궂은, 삐딱한
	O	X	blind		눈먼, 알아보는 눈이 없는, 맹목적인
	O	X	fundamental		필수적인, 근본적인
	O	X	deft		능숙한, 손재주 있는
15	O	X	reckon		계산하다
	O	X	calculate		계산하다, 추정하다
	O	X	deter		단념시키다, 그만두게 하다
	O	X	veto		거부하다, 반대하다; 거부권
	O	X	resemble		닮다

DAY 16 이디엄 막판 테스트

학습 날짜 : _____ 맞은 개수 : _____

Q. 주어진 의미와 가장 가까운 것을 고르시오.

01 ~에 주의하다
① speak of　　② swarm with
③ attend to　　④ wipe out

02 ~에 싫증이 나다
① be akin to　　② be eager for
③ be sick of　　④ be tied to

03 ~을 제거하다, 중단하다
① cut off　　② think up
③ step out　　④ turn over

04 ~에서 하룻밤을 묵다
① come down to　　② put up at
③ come up to　　④ drive up to

05 행동 수칙, 따라야 할 규칙들
① dos and don'ts　　② black sheep
③ a chicken　　④ a wild card

06 뒤집어서, 샅샅이
① not more than　　② not less than
③ inside out　　④ sooner or later

07 A는 B의 덕이다
① owe A to B
② angry with A for B
③ apologize to A for B
④ share A with B

08 ~할 예정이다
① be bound to 동사원형
② be due to 동사원형
③ be apt to 동사원형
④ be willing to 동사원형

09 대면하여
① face to face
② in turn
③ off the wall
④ blue in the face

10 무심코 비밀을 누설하다
① get the point
② have had it
③ take one's time
④ let the cat out of the bag

11 빙산의 일각
① pie in the sky
② a ballpark estimate
③ the tip of the iceberg
④ a bear market

12 놀리다, 웃음거리로 만들다
① lose one's head
② make a fool of
③ have one's shirt off
④ keep one's shirt on

정답 01 ③　02 ③　03 ①　04 ②　05 ①　06 ③　07 ①　08 ②　09 ①　10 ④　11 ③　12 ②

DAY 16 이디엄 막판 체크

회독 체크 ○○○○○

01	O	X	speak of		~을 언급하다
	O	X	swarm with		~이 가득하다
	O	X	attend to		~에 주의하다
	O	X	wipe out		넘어지다, ~을 없애 버리다, ~을 녹초로 만들다
02	O	X	be akin to		~와 비슷하다
	O	X	be eager for		~을 갈망하다
	O	X	be sick of		~에 싫증이 나다
	O	X	be tied to		~하는 것과 연관되어 있다
03	O	X	cut off		~을 제거하다, 중단하다
	O	X	think up		~을 생각해내다, 고안하다
	O	X	step out		나가다
	O	X	turn over		~을 뒤집다, 곰곰이 생각하다, 회전시키다, 넘겨주다
04	O	X	come down to		결국 ~이 되다, ~에 이르다, 요약되다
	O	X	put up (at)		~에서 하룻밤을 묵다
	O	X	come up to		~에게 다가가다, ~까지 이르다
	O	X	drive up to		(자동차를 몰고) ~에 다가가다
05	O	X	dos and don'ts		행동 수칙, 따라야 할 규칙들
	O	X	black sheep		골칫거리, 애물단지
	O	X	a chicken		겁쟁이
	O	X	a wild card		만능의 패, 예측할 수 없는 사람 혹은 일
06	O	X	not more than		많아봐야
	O	X	not less than		적어도
	O	X	inside out		뒤집어서, 샅샅이
	O	X	sooner or later		조만간
07	O	X	owe A to B		A는 B의 덕[탓]이다
	O	X	angry with A for B		B 때문에 A에게 화가 나다
	O	X	apologize to A for B		B 때문에 A에게 사과하다
	O	X	share A with B		A와 B를 공유하다
08	O	X	be bound to 동사원형		반드시 ~하다
	O	X	be due to 동사원형		~할 예정이다
	O	X	be apt to 동사원형		~하는 경향이 있다, ~할 것 같다
	O	X	be willing to 동사원형		기꺼이 ~하다
09	O	X	face to face		대면하여
	O	X	in turn		차례로
	O	X	off the wall		특이한, 제정신이 아닌
	O	X	blue in the face		격분하여 새파래진, 지쳐서 창백한

10	O X	get the point		논지를 이해하다
	O X	have had it		다 망가지다, 완전히 지치다, 질릴 대로 질리다
	O X	take one's (own) time		천천히 하다, 꾸물대다
	O X	let the cat out of the bag		무심코 비밀을 누설하다
11	O X	pie in the sky		그림의 떡
	O X	a ballpark estimate[figure]		근사치
	O X	the tip of the iceberg		빙산의 일각
	O X	a bear[bull] market		하락세[상승세]
12	O X	lose one's head		흥분하다, 열중하다, 목이 잘리다
	O X	make a fool of		놀리다, 웃음거리로 만들다
	O X	have one's shirt off		평상심을 잃다
	O X	keep one's shirt[hair] on		침착하다, 당황하지 않다

DAY 16

DAY 17 어휘 막판 테스트

Q. 주어진 어휘와 의미가 가장 가까운 것을 고르시오.

01 anarchy
① dearth   ② resurgence
③ perjury   ④ disorder

02 superfluous
① incentive   ② introspective
③ fellow   ④ dispensable

03 confidential
① impenetrable   ② terrific
③ cumbersome   ④ secret

04 submissive
① vicious   ② spare
③ amenable   ④ equivalent

05 adore
① spawn   ② debase
③ worship   ④ hyperbolize

06 fanatical
① insurmountable   ② marked
③ versatile   ④ fervent

07 accomplish
① adjourn   ② embody
③ complete   ④ irrigate

08 stout
① valiant   ② straightforward
③ magical   ④ expired

09 aboriginal
① native   ② indistinct
③ pervasive   ④ manifold

10 normal
① strenuous   ② common
③ indisposed   ④ imprecise

11 revoke
① relent   ② abolish
③ entice   ④ represent

12 amalgamate
① demote   ② exhaust
③ infiltrate ④ merge

13 discharge
① mend   ② appease
③ dismiss   ④ fluctuate

14 contiguous
① subservient   ② deformed
③ adjacent   ④ incorrect

15 infringe
① slake   ② breach
③ cast   ④ ensue

정답 01 ④ 02 ④ 03 ④ 04 ③ 05 ③ 06 ④ 07 ③ 08 ① 09 ① 10 ② 11 ② 12 ④ 13 ③ 14 ③ 15 ②

DAY 17 어휘 막판 체크

01	O X	anarchy		무질서, 무정부 상태, 혼란
	O X	dearth		부족, 결핍
	O X	resurgence		부활, 재기
	O X	perjury		위증죄
	O X	disorder		무질서, 장애; 혼란시키다
02	O X	superfluous		불필요한
	O X	incentive		자극적인, 격려하는; 격려, 자극
	O X	introspective		내성적인, 자기 성찰적인
	O X	fellow		동료의; 동료
	O X	dispensable		불필요한
03	O X	confidential		비밀의, 은밀한, 신뢰를 받는
	O X	impenetrable		꿰뚫을 수 없는, 이해할 수 없는, 완고한
	O X	terrific		굉장한, 훌륭한, 무서운
	O X	cumbersome		귀찮은, 성가신, 방해되는
	O X	secret		비밀의; 비밀
04	O X	submissive		순종적인, 고분고분한
	O X	vicious		나쁜, 사악한, 심술궂은
	O X	spare		남는, 여분의; 할애하다
	O X	amenable		순종하는, 유순한
	O X	equivalent		동등한, 맞먹는; 등가물
05	O X	adore		숭배하다, 아주 좋아하다
	O X	spawn		(알을) 낳다; 알
	O X	debase		(품질, 가치를) 떨어뜨리다
	O X	worship		숭배하다; 숭배
	O X	hyperbolize		과장하다
06	O X	fanatical		열광적인, 광신적인
	O X	insurmountable		극복할 수 없는
	O X	marked		두드러진, 현저한
	O X	versatile		다재다능한, 다용도의
	O X	fervent		열렬한, 강렬한
07	O X	accomplish		완성하다, 성취하다
	O X	adjourn		(회의 등을) 연기하다, 휴회하다
	O X	embody		구체화하다, 구현하다, 포함하다
	O X	complete		완성하다
	O X	irrigate		(토지에) 물을 대다, (상처 등을) 세척하다

DAY 17

08	O	X	stout		용감한, 뚱뚱한, (몸이) 튼튼한, 활기찬
	O	X	valiant		용감한, 뛰어난
	O	X	straightforward		똑바른, 솔직한
	O	X	magical		마법의, 신비한, 매혹적인
	O	X	expired		만료된, 기한이 지난
09	O	X	aboriginal		토착의, 원주민의
	O	X	native		토착의, 출생지의, 타고난
	O	X	indistinct		뚜렷하지 않은, 흐릿한, 희미한
	O	X	pervasive		만연한, 스며드는
	O	X	manifold		많은, 여러 가지의
10	O	X	normal		평범한, 보통의
	O	X	strenuous		분투하는, 격렬한, 활발한
	O	X	common		평범한, 보통의
	O	X	indisposed		마음이 내키지 않는, 몸이 좀 아픈
	O	X	imprecise		부정확한, 애매한
11	O	X	revoke		폐지하다, 철회하다, 취소하다
	O	X	relent		누그러지다
	O	X	abolish		폐지하다, 파괴하다
	O	X	entice		꾀다, 유혹하다, 꼬드기다
	O	X	represent		나타내다, 상징하다
12	O	X	amalgamate		합병하다, 통합하다
	O	X	demote		강등시키다
	O	X	exhaust		기진맥진하게 만들다, 고갈시키다
	O	X	infiltrate		침투시키다, 스며들게 하다
	O	X	merge		합병하다, 병합하다
13	O	X	discharge		해고하다, 석방하다, 방출하다, 이행하다; 방출, 이행
	O	X	mend		개선하다, 고치다
	O	X	appease		달래다, 진정시키다
	O	X	dismiss		해고하다, 해산시키다, 묵살하다
	O	X	fluctuate		변동하다, 오르내리다
14	O	X	contiguous		인접한, 근접한, 접촉하는
	O	X	subservient		복종하는, 종속하는, 도움이 되는, 비굴한
	O	X	deformed		변형된, 기형의
	O	X	adjacent		인접한, 근처의, 가까운
	O	X	incorrect		부정확한, 틀린, 온당치 못한
15	O	X	infringe		위반하다, 침해하다
	O	X	slake		갈증을 해소하다, 욕구를 충족시키다
	O	X	breach		위반하다; 위반
	O	X	cast		던지다, 제시하다
	O	X	ensue		계속되다, (결과로서) 생기다

DAY 17 이디엄 막판 테스트

학습 날짜 : _____ 맞은 개수 : _____

Q. 주어진 의미와 가장 가까운 것을 고르시오.

01 ~을 우연히 만나다, ~에 동의하다
① hang on to   ② fall in with
③ zero in on   ④ back out of

02 ~에 신경 쓰다
① drive into   ② fall behind
③ care about   ④ get off

03 ~로 유명하다
① be known for   ② be rich in
③ be known to   ④ be set to

04 ~에 놓여 있다
① consist in   ② feel for
③ cut in   ④ die of

05 성공하다, 잘하다
① do without   ② do well
③ take pains   ④ make believe

06 대개
① on the ropes   ② at hand
③ as a rule   ④ all at once

07 ~와 관계가 있다
① be engrossed in
② be anxious about
③ be contented with
④ be concerned with

08 ~으로 구성되다
① be sensitive to
② be familiar with
③ be composed of
④ be dressed down

09 효력을 발생하다
① feel unwell
② come into force
③ give sb. a hand
④ go off the deep end

10 항상, 매일매일
① in a sense
② for ages
③ without reservation
④ day in and day out

11 하루 벌어 하루 먹고 사는
① in time
② from hand to mouth
③ in good times and bad times
④ good for nothing

12 도움이 되다
① do sb. a good turn
② take a nosedive
③ rock the boat
④ give sth. over to sth.

정답 01 ② 02 ③ 03 ① 04 ① 05 ② 06 ③ 07 ④ 08 ③ 09 ② 10 ④ 11 ② 12 ①

DAY 17 이디엄 막판 체크

01	O X	hang on to		~을 꽉 붙잡다, 계속 보관하다, 고집하다
	O X	fall in with		~을 우연히 만나다, ~에 동의하다
	O X	zero in on		~에 집중하다, 초점을 맞추다
	O X	back out (of)		(~을) 벗어나다
02	O X	drive into		(차를 몰다가) ~에 부딪히다
	O X	fall[lag] behind		~에 뒤지다, 뒤떨어지다
	O X	care about		~에 신경 쓰다
	O X	get off		내리다
03	O X	be known for		~로 유명하다
	O X	be rich in		~이 풍부하다
	O X	be known to		~에게 알려져 있다
	O X	be set to		~할 준비가 되어있다
04	O X	consist in		~에 놓여 있다
	O X	feel for		~을 동정하다
	O X	cut in		(대화에) 끼어들다, (남의 말) 자르다
	O X	die of		~로 죽다
05	O X	do without		~없이 지내다
	O X	do well		성공하다, 잘하다
	O X	take pains		수고하다
	O X	make believe		~인 체하다
06	O X	on the ropes		궁지에 몰린, 망하기 직전에
	O X	at hand		가까운, 머지않아
	O X	as a rule		대개
	O X	all at once		갑자기
07	O X	be engrossed in		~에 열중하다
	O X	be anxious about		~에 대해 근심하다
	O X	be content(ed) with		~에 만족하다
	O X	be concerned with		~와 관계가 있다
08	O X	be sensitive to		~에 민감하다
	O X	be familiar with		~에 익숙하다, ~을 잘 알고 있다
	O X	be composed of		~으로 구성되다
	O X	be dressed down		꾸지람을 듣다

09	O X	feel unwell		기분이 나쁘다
	O X	come into force[effect]		효력을 발생하다
	O X	give[lend] sb. a hand		도움을 주다, 일손을 돕다
	O X	go[jump] off the deep end		깊은 곳에 뛰어들다, 무모하게 덤비다, 화내다
10	O X	in a sense		어떤 의미에 있어서, 어느 정도
	O X	for ages		오랫동안
	O X	without reservation		솔직히, 무조건
	O X	day in and day out		항상, 매일매일
11	O X	in time		머지않아, 시간에 맞게
	O X	from hand to mouth		하루 벌어 하루 먹고 사는
	O X	in good times and bad times		좋을 때나 나쁠 때나
	O X	good for nothing		아무짝에도 쓸모없는
12	O X	do sb. a good turn		도움이 되다
	O X	take a nosedive		급강하하다, 폭락하다
	O X	rock the boat		긁어 부스럼 만들다, 불화를 야기하다
	O X	give sth. over to sth.		(한 가지 목적을 위해) ~을 바치다

DAY 17

DAY 18 어휘 막판 테스트

Q. 주어진 어휘와 의미가 가장 가까운 것을 고르시오.

01 daunt
① frighten ② control
③ tranquilize ④ exalt

02 persecute
① embezzle ② relax
③ utilize ④ harass

03 inert
① admonitory ② innate
③ sluggish ④ hideous

04 flock
① contain ② bombard
③ muster ④ saturate

05 exemplify
① disband ② epitomize
③ transgress ④ regard

06 dependent
① ridiculous ② maleficent
③ salient ④ reliant

07 implement
① intercept ② overlook
③ fulfill ④ underwrite

08 parsimonious
① enormous ② satisfied
③ miserly ④ marvelous

09 routine
① vigorous ② monotonous
③ unanimous ④ detached

10 makeshift
① provisional ② virtuous
③ flagrant ④ heedless

11 subconscious
① exuberant ② latent
③ inexorable ④ impecunious

12 precautious
① stout ② uniform
③ tender ④ careful

13 improvise
① extemporize ② enlighten
③ admire ④ reprove

14 sting
① enhance ② appear
③ renovate ④ prod

15 officious
① impeccable ② proportional
③ pushy ④ secretive

정답 01 ① 02 ④ 03 ③ 04 ③ 05 ② 06 ④ 07 ③ 08 ③ 09 ② 10 ① 11 ② 12 ④ 13 ① 14 ④ 15 ③

DAY 18 어휘 막판 체크

01	O	X	daunt		겁먹게 하다, 위압하다
	O	X	frighten		겁먹게 만들다, 놀라게 만들다
	O	X	control		지배하다, 통제하다, 제한하다; 지배, 통제
	O	X	tranquilize		조용하게 하다, 진정하다, 안정시키다
	O	X	exalt		칭찬하다, 승격시키다
02	O	X	persecute		괴롭히다
	O	X	embezzle		횡령하다
	O	X	relax		휴식을 취하다, 안심하다, 긴장을 풀다
	O	X	utilize		활용하다, 이용하다
	O	X	harass		괴롭히다, 귀찮게 굴다
03	O	X	inert		둔한, 활발치 못한, 타성적인
	O	X	admonitory		훈계하는, 충고하는, 경고적인
	O	X	innate		타고난, 선천적인
	O	X	sluggish		둔한, 나태한
	O	X	hideous		흉측한, 끔찍한
04	O	X	flock		모으다, 모이다; 무리, 떼
	O	X	contain		포함하다, 억누르다, 참다
	O	X	bombard		폭격하다, 퍼붓다
	O	X	muster		모으다, 모이다
	O	X	saturate		흠뻑 적시다, 포화시키다
05	O	X	exemplify		전형적인 예가 되다, 예를 들다
	O	X	disband		해체하다, 해산하다
	O	X	epitomize		전형적으로 보여주다, 요약하다, 발췌하다
	O	X	transgress		(제한, 범위를) 넘다, 위반하다
	O	X	regard		~으로 여기다, 존경하다, 주목하다
06	O	X	dependent		의존하는, 의지하는
	O	X	ridiculous		웃기는, 우스꽝스러운, 터무니없는
	O	X	maleficent		해로운, 유해한, 나쁜 짓을 하는
	O	X	salient		현저한, 두드러진
	O	X	reliant		의존하는
07	O	X	implement		이행하다, 실행하다, 충족시키다; 도구
	O	X	intercept		가로막다, 가로채다
	O	X	overlook		간과하다, 너그럽게 봐주다, 내려다보다
	O	X	fulfill		이행하다, 달성하다
	O	X	underwrite		동의하다, 인수하다

08	O	X	parsimonious		인색한
	O	X	enormous		막대한, 거대한
	O	X	satisfied		만족스러워하는
	O	X	miserly		인색한, 욕심 사나운
	O	X	marvelous		놀라운, 기묘한
09	O	X	routine		일상의, 정기적인; 일상의 일
	O	X	vigorous		활기 있는, 격렬한
	O	X	monotonous		일상적인, 진부한
	O	X	unanimous		만장일치의
	O	X	detached		분리된, 파견된, 초연한, 공평한
10	O	X	makeshift		일시적인, 임시변통의; 임시수단
	O	X	provisional		일시적인, 임시의, 잠정적인
	O	X	virtuous		도덕적인, 고결한
	O	X	flagrant		노골적인, 명백한
	O	X	heedless		부주의한, 조심성 없는
11	O	X	subconscious		잠재의식적인; 잠재의식
	O	X	exuberant		활기 넘치는, 무성한
	O	X	latent		잠재적인, 휴면의
	O	X	inexorable		냉혹한, 무정한, 굽힐 수 없는
	O	X	impecunious		돈 없는, 가난한, 무일푼의
12	O	X	precautious		조심하는, 주의 깊은, 신중한
	O	X	stout		뚱뚱한, 튼튼한, 완고한
	O	X	uniform		똑같은, 일정한, 균등한; 유니폼
	O	X	tender		부드러운, 다정한; 제출하다
	O	X	careful		조심하는, 주의 깊은
13	O	X	improvise		즉흥적으로 하다
	O	X	extemporize		즉흥적으로 하다
	O	X	enlighten		계몽하다, 설명하다, 가르치다
	O	X	admire		감탄하다, 칭찬하다, 존경하다
	O	X	reprove		꾸짖다, 책망하다
14	O	X	sting		찌르다, 따끔거리다, 괴롭히다
	O	X	enhance		강화하다, 향상시키다
	O	X	appear		나타내다, ~인 듯하다, 분명하다
	O	X	renovate		개조하다, 보수하다
	O	X	prod		찌르다, 자극하다; 찌름, 자극
15	O	X	officious		주제넘게 나서는, 참견하기 좋아하는
	O	X	impeccable		흠잡을 데 없는
	O	X	proportional		비례하는
	O	X	pushy		주제넘게 나서는, 지나치게 밀어붙이는
	O	X	secretive		비밀스러운

DAY 18 이디엄 막판 테스트

학습 날짜 : _____   맞은 개수 : _____

Q. 주어진 의미와 가장 가까운 것을 고르시오.

01 ~에 도착하다
① arrive at   ② hinge on
③ drop off   ④ lean on

02 ~을 초래하다, 가져오다
① look up   ② fall apart
③ pass on   ④ bring on

03 ~을 요청하다, 시키다, 방문하다
① take out   ② call on
③ gain ground   ④ set on

04 불쑥 나타나다, 발생하다
① run down   ② knock off
③ crop up   ④ slope off

05 ~와 다르다
① go for   ② tell against
③ provide for   ④ differ from

06 헤어지다, 부수다
① draw on   ② amount to
③ bring back   ④ break up

07 ~하는 데 익숙하다
① be used to 명사/~ing
② be used to 동사원형
③ be likely to 동사원형
④ be sure to 동사원형

08 중요한
① at a loss
② of service
③ all-around
④ of consequence

09 서두르다
① square up
② shake a leg
③ pick up the bill
④ make do without

10 당분간
① all but
② by all means
③ on the grapevine
④ for the time being

11 그때그때 봐서 처리하다
① eat one's words
② put on airs
③ play it by ear
④ rob Peter to pay Paul

12 극히 드물게
① once in a blue moon
② like an arrow
③ for all I know
④ in the first place

정답 01 ① 02 ④ 03 ② 04 ③ 05 ④ 06 ④ 07 ① 08 ④ 09 ② 10 ④ 11 ③ 12 ①

DAY 18 이디엄 막판 체크

01				
	O X	arrive at		~에 도착하다
	O X	hinge on		~에 달려 있다
	O X	drop off		깜빡 잠이 들다, 줄어들다, 차에서 내리다
	O X	lean on		~에 기대다, 의지하다, 압력을 가하다
02	O X	look up		나아지다, ~을 올려다보다, 상승세가 되다
	O X	fall apart		무너지다, 결렬되다
	O X	pass on		~을 전달하다, 고인이 되다
	O X	bring on		~을 초래하다, 가져오다
03	O X	take out		~을 꺼내다, 가지고 나가다, 취득하다
	O X	call on		~을 요청하다, 시키다, 방문하다
	O X	gain ground		전진하다, 진보하다
	O X	set on		~을 부추기다, 교사하다, 공격하다
04	O X	run down		위축되다, (건전지 등이) 다 되다, 정지하다
	O X	knock off		중단하다
	O X	crop up[out]		불쑥 나타나다, 발생하다
	O X	slope off[away]		가버리다
05	O X	go for		~에 해당되다, 데리러 가다, 좋아하다, 찬성하다
	O X	tell against[for]		~에게 불리[유리]하다
	O X	provide for		~을 준비하다, 대비하다, 허용하다, 부양하다
	O X	differ from		~와 다르다
06	O X	draw on		~에 의지하다, (시간이) 지나가다
	O X	amount to		(합계가) ~에 이르다, ~와 마찬가지이다
	O X	bring back		~을 돌려주다, 상기시키다
	O X	break up		헤어지다, 부수다
07	O X	be used to 명사/~ing		~에 익숙하다
	O X	be used to 동사원형		~하는 데 이용되다, 사용되다
	O X	be likely to 동사원형		~할 듯하다, ~할 것 같다
	O X	be sure to 동사원형		반드시 ~하도록 하다
08	O X	at a loss		당황한, 어쩔 줄 모르는
	O X	of service		도움이 되는
	O X	all-around		만능의
	O X	of consequence [moment]		중요한

09	O	X	square up		(곤란한 상황을) 맞서다, 싸울 자세를 취하다
	O	X	shake a leg		서두르다
	O	X	pick up the bill[tab]		~에 대한 돈을 지불하다
	O	X	make do without		~없이 지내다
10	O	X	all but		거의
	O	X	by all means		꼭, 반드시, 아무렴
	O	X	on[through] the grapevine		(입에서 입으로 전해지는) 소문으로
	O	X	for the time being		당분간
11	O	X	eat one's words		먼저 한 말을 취소하다, 자신의 잘못을 인정하다
	O	X	put on airs		뽐내다, 잘난 체하다
	O	X	play it by ear		그때그때 봐서[사정을 봐 가면서] 처리하다
	O	X	rob Peter to pay Paul		빚을 내어 빚을 메우다
12	O	X	once in a blue moon		극히 드물게
	O	X	like an arrow		쏜살같이
	O	X	for all I know		아마
	O	X	in the first place		우선

DAY 18

DAY 19 어휘 막판 테스트

학습 날짜: _____ 맞은 개수: _____

Q. 주어진 어휘와 의미가 가장 가까운 것을 고르시오.

01 perish
① outweigh ② streamline
③ nurse ④ vanish

02 scrutinize
① itch ② excruciate
③ examine ④ solicit

03 brittle
① wrong ② ascetic
③ grave ④ frail

04 hazy
① base ② blurred
③ profane ④ insensitive

05 avert
① intervene ② duck
③ detain ④ converge

06 dwindle
① tow ② salvage
③ lessen ④ convince

07 impetus
① yardstick ② dilemma
③ refugee ④ motivation

08 incomprehensible
① unaccountable ② universal
③ impalpable ④ oblique

09 harness
① elate ② override
③ procrastinate ④ employ

10 epidemic
① surplus ② insolent
③ rampant ④ unprincipled

11 docile
① incidental ② tame
③ venal ④ clandestine

12 demolish
① predetermine ② repay
③ raze ④ enliven

13 muddle
① drain ② swap
③ wreck ④ puzzle

14 liberal
① fraudulent ② factual
③ permissive ④ unscrupulous

15 depreciate
① devalue ② populate
③ visit ④ offset

정답 01 ④ 02 ③ 03 ④ 04 ② 05 ② 06 ③ 07 ④ 08 ① 09 ④ 10 ③ 11 ② 12 ③ 13 ④ 14 ③ 15 ①

DAY 19 어휘 막판 체크

회독 체크 ○○○○○

01	O X	perish		사라지다, 소멸하다
	O X	outweigh		~보다 무겁다, 중대하다
	O X	streamline		간소화하다, 능률화하다; 유선형; 유선형의
	O X	nurse		간호하다; 간호사
	O X	vanish		사라지다, 없어지다
02	O X	scrutinize		세밀히 조사하다
	O X	itch		가렵다, ~하고 싶어 못 견디다; 가려움
	O X	excruciate		괴롭히다, 고문하다
	O X	examine		조사하다, 검사하다, 시험하다
	O X	solicit		간청하다, 요청하다
03	O X	brittle		부서지기 쉬운, 약한, 불안정한
	O X	wrong		나쁜, 그릇된, 틀린, 고장 난
	O X	ascetic		금욕적인
	O X	grave		중대한, 근엄한; 무덤
	O X	frail		부서지기 쉬운, 약한, 노쇠한
04	O X	hazy		흐릿한, 모호한, 확신이 없는
	O X	base		비열한, 천한; 기초
	O X	blurred		흐릿한, (기억이) 희미한, 모호한
	O X	profane		모독적인, 세속적인; 모독하다, 남용하다
	O X	insensitive		무감각한, 둔감한, 영향을 받지 않는
05	O X	avert		피하다
	O X	intervene		개입하다, 간섭하다, 방해하다
	O X	duck		피하다; 오리
	O X	detain		구금하다, 지체하게 하다
	O X	converge		모여들다, 만나다, 수렴되다
06	O X	dwindle		감소하다, 줄어들다
	O X	tow		끌다, 잡아당기다
	O X	salvage		구출하다, 구조하다; 구조
	O X	lessen		감소하다, 적어지다, 완화되다
	O X	convince		납득시키다, 확신시키다, 설득하다
07	O X	impetus		자극, 추진력, 힘
	O X	yardstick		기준, 척도
	O X	dilemma		궁지, 진퇴양난
	O X	refugee		난민
	O X	motivation		자극, 장려

08	O X	incomprehensible		이해할 수 없는
	O X	unaccountable		이해할 수 없는, 책임질 필요가 없는
	O X	universal		보편적인, 전 세계의, 우주의
	O X	impalpable		무형의, 미묘한, 쉽게 이해하기 어려운
	O X	oblique		비스듬한, 완곡한, 부정한
09	O X	harness		이용하다
	O X	elate		고무하다, 즐겁게 하다
	O X	override		무시하다, 우선하다
	O X	procrastinate		미루다, 질질 끌다
	O X	employ		이용하다, 고용하다
10	O X	epidemic		유행성의; 유행병, 유행
	O X	surplus		나머지의, 여분의; 나머지, 여분
	O X	insolent		버릇없는, 무례한
	O X	rampant		유행하는, 만연하는, 사나운
	O X	unprincipled		부도덕한, 지조 없는
11	O X	docile		유순한, 고분고분한
	O X	incidental		부수적인, 우발적인, 부차적인
	O X	tame		유순한, 길든; 길들이다, 복종시키다
	O X	venal		부패한, 타락한
	O X	clandestine		비밀의, 은밀한
12	O X	demolish		파괴하다, 폐지하다
	O X	predetermine		미리 결정하다
	O X	repay		보상하다
	O X	raze		완전히 파괴하다, 무너뜨리다
	O X	enliven		생기를 주다, 흥겹게 하다
13	O X	muddle		당황시키다, 혼란시키다
	O X	drain		배수하다, 고갈시키다
	O X	swap		바꾸다, 교환하다
	O X	wreck		난파시키다, 파괴하다; 난파, 파괴
	O X	puzzle		당황하게 하다, 혼란시키다; 퍼즐
14	O X	liberal		관대한, 자유주의의, 후한
	O X	fraudulent		사기의, 부정의
	O X	factual		사실의, 실제의
	O X	permissive		관대한, 허락하는
	O X	unscrupulous		사악한, 비도덕적인, 파렴치한
15	O X	depreciate		가치를 떨어뜨리다, 얕보다
	O X	devalue		가치를 감소시키다, 평가 절하하다
	O X	populate		살다, 거주하다
	O X	visit		방문하다, 찾아가다; 방문
	O X	offset		상쇄하다

DAY 19 이디엄 막판 테스트

학습 날짜 : _____   맞은 개수 : _____

Q. 주어진 의미와 가장 가까운 것을 고르시오.

01 ~에 동의하다, 묵인하다
① drop out   ② get around
③ acquiesce to   ④ lay in

02 달아나다
① break away   ② come down
③ pick up   ④ get by

03 ~을 완수하다, 회복하다, 들어오다
① indulge in   ② sit on
③ set about   ④ come through

04 ~을 제외하고, ~이외에
① because of   ② in pursuit of
③ in accord with   ④ apart from

05 ~에 의하여
① in charge of   ② dependent on
③ by means of   ④ for the sake of

06 ~을 이해하다
① make fun of   ② be worth ~ing
③ be afraid of   ④ have a grasp of

07 ~할 예정이다
① be liable to 동사원형
② be liable to 명사
③ be faithful to 명사
④ be scheduled to 동사원형

08 막 ~하려 하다
① be obliged to 동사원형
② be indisposed to 동사원형
③ be about to 동사원형
④ be supposed to 동사원형

09 ~로 바쁘다
① be concerned in
② be concerned about
③ be engaged with
④ be known as

10 ~에 정통하다
① bring sth. home to
② take sth. back
③ factor sth. in
④ have sth. at one's fingers' ends

11 분에 넘치는 일을 하려고 하다
① clear the air
② make a difference
③ put one's feet up
④ bite off more than one can chew

12 사람들의 입에서 입으로
① such as it is
② up to one's neck
③ by word of mouth
④ for the present

정답 01 ③ 02 ① 03 ④ 04 ④ 05 ③ 06 ④ 07 ④ 08 ③ 09 ③ 10 ④ 11 ④ 12 ③

DAY 19 이디엄 막판 체크

회독 체크 ○○○○○

01	O X	drop out	중퇴하다, 손을 떼다, 거부하다
	O X	get around	돌아다니다, 처리하다, 피하다
	O X	acquiesce to	~에 동의하다, 묵인하다
	O X	lay in	~을 사재기하다, 저장하다
02	O X	break away	달아나다
	O X	come down	무너져 내리다, 내리다, 착륙하다, 전해 내려오다
	O X	pick up	~을 집다, 회복되다, 다시 시작하다, 정리정돈하다
	O X	get by	지나가다, 그럭저럭 살아가다
03	O X	indulge in	~에 빠지다
	O X	sit on	~의 위에 있다, 일원이다, 조사하다, 억제하다
	O X	set about	~을 시작하다, 착수하다, 공격하다, 출발하다
	O X	come through	~을 완수하다, 회복하다, 들어오다
04	O X	because of	~때문에
	O X	in pursuit of	~을 추구하여
	O X	in accord with	~와 일치하여
	O X	apart from	~을 제외하고, ~이외에
05	O X	in charge of	~을 맡아서, 담당해서, 위탁되어
	O X	dependent on[upon]	~에게 의존하는
	O X	by means of	~에 의하여
	O X	for the sake[good] of	~을 위하여
06	O X	make fun of	~을 비웃다, 조롱하다
	O X	be worth ~ing	~할 가치가 있다
	O X	be afraid of	~을 두려워하다
	O X	have a grasp of	~을 이해하다
07	O X	be liable to 동사원형	~할 것 같다
	O X	be liable to 명사	~에 걸리기 쉽다
	O X	be faithful to 명사	~에 충실하다
	O X	be scheduled to 동사원형	~할 예정이다
08	O X	be obliged to 동사원형	~하도록 의무를 받다, ~하지 않을 수 없다
	O X	be indisposed to 동사원형	~하고 싶지 않은, ~하는 것이 내키지 않는
	O X	be about to 동사원형	막 ~하려 하다
	O X	be supposed to 동사원형	~할 예정이다

09	O X	be concerned in		~에 관계가 있다, 관여하고 있다	
	O X	be concerned about [for, over]		~에 관심을 가지다, ~을 걱정하다	
	O X	be engaged with		~로 바쁘다	
	O X	be known as		(직업 등)으로 알려져 있다	
10	O X	bring sth. home to		~에게 깨닫게 하다	
	O X	take sth. back		~을 취소하다	
	O X	factor sth. in		~을 고려하다, 감안하다	
	O X	have sth. at one's fingers' ends		~에 정통하다	
11	O X	clear the air		오해가 없어지다	
	O X	make a difference		중요하다; 차이가 있다	
	O X	put[get] one's feet up		누워서 쉬다	
	O X	bite off more than one can chew		분에 넘치는 일을 하려고 하다, 너무 욕심을 부리다	
12	O X	such as it is[they are]		변변치 않지만	
	O X	up to one's neck[ears] (in sth.)		몰두하여, 깊이 관여하여	
	O X	by word of mouth		사람들의 입에서 입으로, 구전으로	
	O X	for the present		당분간	

DAY 19

DAY 20 어휘 막판 테스트

Q. 주어진 어휘와 의미가 가장 가까운 것을 고르시오.

01 ravage
① consume ② refurbish
③ ruin ④ interrupt

02 remarkable
① incredible ② insignificant
③ sober ④ flimsy

03 abandon
① enshrine ② evacuate
③ preface ④ rail

04 slander
① calumniate ② pore
③ toil ④ adjure

05 blatant
① lavish ② unabashed
③ malleable ④ inheritable

06 precipitate
① accommodate ② slash
③ spark ④ plot

07 repress
① radiate ② expurgate
③ depend ④ oppress

08 priceless
① variable ② probable
③ invaluable ④ complacent

09 incomparable
① assorted ② forgetful
③ dormant ④ unparalleled

10 illegal
① buoyant ② sparing
③ eligible ④ illicit

11 remunerate
① recompense ② wane
③ resist ④ subvert

12 fabricate
① overhaul ② choke
③ falsify ④ occupy

13 overpower
① check ② overwhelm
③ procure ④ inflame

14 acquiesce
① foment ② tolerate
③ proliferate ④ overdraw

15 delude
① sanction ② restore
③ stir ④ mislead

정답 01 ③ 02 ① 03 ② 04 ① 05 ② 06 ③ 07 ④ 08 ③ 09 ④ 10 ④ 11 ① 12 ③ 13 ② 14 ② 15 ④

DAY 20 어휘 막판 체크

회독 체크 ○○○○○

01	O X	ravage		파괴하다, 황폐화하다; 파괴, 황폐
	O X	consume		소비하다, 소멸시키다, 먹다
	O X	refurbish		새로 꾸미다, 다시 닦다, 일신하다
	O X	ruin		파괴하다, 파멸시키다, 망치다; 붕괴, 유적
	O X	interrupt		가로막다, 중단하다, 방해하다
02	O X	remarkable		놀라운, 주목할 만한, 비범한
	O X	incredible		놀라운, 믿을 수 없는
	O X	insignificant		사소한, 하찮은, 대수롭지 않은
	O X	sober		냉철한, 진지한, 술 취하지 않은
	O X	flimsy		부서지기 쉬운, 얄팍한
03	O X	abandon		버리고 떠나다, 버리다, 포기하다
	O X	enshrine		소중히 간직하다
	O X	evacuate		떠나다, 피난하다, 대피시키다, 배설하다
	O X	preface		발단이 되다, 시작하다, 서문을 쓰다; 서문, 서론
	O X	rail		격분하다; 난간, 가로장, 철도
04	O X	slander		비방하다; 비방
	O X	calumniate		비방하다
	O X	pore		숙고하다; 구멍
	O X	toil		수고하다, 고생하다; 노고, 수고
	O X	adjure		간청하다, 요구하다
05	O X	blatant		뻔뻔한
	O X	lavish		사치스러운, 풍부한; 아낌없이 주다, 낭비하다
	O X	unabashed		뻔뻔한
	O X	malleable		유순한, 융통성 있는, 펴 늘릴 수 있는
	O X	inheritable		유전되는
06	O X	precipitate		촉발시키다, 촉진시키다
	O X	accommodate		숙박시키다, 편의를 도모하다, 공급하다, 순응시키다
	O X	slash		긋다, 대폭 줄이다; 긋기
	O X	spark		촉발시키다, 불꽃을 일으키다; 불꽃, 발화 장치
	O X	plot		음모하다, 표시하다; 구성, 음모
07	O X	repress		억누르다, 억압하다, 탄압하다
	O X	radiate		내뿜다, 방출하다
	O X	expurgate		삭제하다
	O X	depend		의지하다, 신뢰하다, 좌우되다
	O X	oppress		억누르다, 억압하다

08	O	X	priceless		아주 귀중한
	O	X	variable		변하기 쉬운, 변덕스러운
	O	X	probable		있음직한, ~할 듯한, 유망한
	O	X	invaluable		매우 귀중한
	O	X	complacent		자기만족의
09	O	X	incomparable		비길 데 없는, 비교할 수 없는
	O	X	assorted		여러 가지의, 잡다한, 분류된, 어울리는
	O	X	forgetful		잘 잊어버리는, 게을리하기 쉬운
	O	X	dormant		휴면기의, 활동을 중단한
	O	X	unparalleled		비길 데 없는, 유례없는
10	O	X	illegal		불법의, 위법의
	O	X	buoyant		부력이 있는, 낙천적인
	O	X	sparing		절약하는, 인색한, 관대한, 빈약한
	O	X	eligible		적격의, 적합한; 적임자
	O	X	illicit		불법의, 부정의
11	O	X	remunerate		보상하다, 보답하다
	O	X	recompense		보상하다, 배상하다; 보상, 배상
	O	X	wane		작아지다, 약해지다
	O	X	resist		저항하다, 반대하다, 견디다
	O	X	subvert		전복시키다
12	O	X	fabricate		위조하다, 제작하다
	O	X	overhaul		점검하다, 정비하다, 따라붙다
	O	X	choke		질식시키다, 억제하다
	O	X	falsify		위조하다, 속이다
	O	X	occupy		차지하다
13	O	X	overpower		압도하다, 억누르다, 제압하다
	O	X	check		살피다, 알아보다, 억제하다
	O	X	overwhelm		압도하다, 당황하게 하다
	O	X	procure		획득하다, 얻다
	O	X	inflame		흥분시키다, 악화시키다
14	O	X	acquiesce		묵인하다, (마지못해) 따르다
	O	X	foment		조성하다, 조장하다
	O	X	tolerate		묵인하다, 참다, 견디다
	O	X	proliferate		증식하다, 번식하다
	O	X	overdraw		과장하다, 초과 인출하다
15	O	X	delude		속이다, 현혹하다
	O	X	sanction		허가하다, 제재를 가하다; 제재, 허가
	O	X	restore		회복하다, 복원하다
	O	X	stir		휘젓다, 움직이다, 각성시키다, 흥분시키다, 선동하다
	O	X	mislead		속이다, 잘못 이끌다, 호도하다

DAY 20 이디엄 막판 테스트

Q. 주어진 의미와 가장 가까운 것을 고르시오.

01 돌파하다, (구름 뒤에서) 나타나다
① ascribe to   ② fall to
③ draw off   ④ break through

02 ~에 대해 합의하다
① buy out   ② fall off
③ agree on ④ die away

03 ~와 충돌하다, ~와 우연히 만나다
① get along ② look on
③ run into   ④ do with

04 ~을 갈망하다
① part with   ② yearn for
③ melt away   ④ get back

05 ~을 조사하다, 들여다보다, 간파하다
① see into ② go off
③ drop in   ④ get away

06 ~을 얻으려고 노력하다
① pass out   ② hold out
③ strive for ④ put forward

07 ~으로 바쁘다, 여념이 없다
① be occupied with
② be conscious of
③ be bound for
④ be irrelevant to

08 결코 ~이 아닌
① prior to
② far from
③ thank to
④ besides

09 무표정한 얼굴
① a poker face
② a bigmouth
③ Achilles' heel
④ hue and cry

10 ~하고 싶다
① above ~ing
② feel like ~ing
③ make a point of ~ing
④ afraid to

11 쓸데없는 간섭을 하지 않다
① bury one's head in the sand
② catch at a straw
③ keep one's nose out of
④ hang in the balance

12 건강이 안 좋은, 몸매가 엉망인
① out of shape
② out of season
③ out of reach
④ out of place

정답 01 ④ 02 ③ 03 ③ 04 ② 05 ① 06 ③ 07 ① 08 ② 09 ① 10 ② 11 ③ 12 ①

DAY 20 이디엄 막판 체크

회독 체크 ○○○○○

			이디엄		뜻
01	O	X	ascribe to		~의 탓으로 돌리다
	O	X	fall to		~하기 시작하다
	O	X	draw off		철수하다, (물을) 빼게 하다, (주의를) 딴 데로 돌리다
	O	X	break through		돌파하다, (구름 뒤에서) 나타나다
02	O	X	buy out		(사람을) 매수하다, 매입하다
	O	X	fall off		~에서 떨어지다, (이익 등이) 줄다
	O	X	agree on[about]		~에 대해 합의하다
	O	X	die away		(소리, 빛 등이) 희미해지다
03	O	X	get along		~을 나아가게 하다, 떠나다, 그럭저럭 해나가다
	O	X	look on		~을 구경하다, 지켜보다
	O	X	run into[against]		~와 충돌하다, ~와 우연히 만나다
	O	X	do with		~을 처리하다, ~와 관계가 있다, ~에 손을 대다
04	O	X	part with		~을 주다
	O	X	yearn for		~을 갈망하다
	O	X	melt away		차츰 사라지다, 사라지게 하다
	O	X	get back		돌아오다
05	O	X	see into		~을 조사하다, 들여다보다, 간파하다
	O	X	go off		자리를 뜨다, 폭발하다, (경보기 등이) 울리다
	O	X	drop in[on, at]		~에 잠깐 들르다
	O	X	get away		도망치다, 떠나다
06	O	X	pass out		~을 나눠주다, 기절하다
	O	X	hold out		지속되다, 저항하다, 버티다, (가능성, 희망을) 보이다, (손을) 펼치다
	O	X	strive for		~을 얻으려고 노력하다
	O	X	put forward		~을 제안하다, 내세우다
07	O	X	be occupied with		~으로 바쁘다, 여념이 없다, ~에 종사하고 있다
	O	X	be conscious of		~을 자각하다, 알고 있다
	O	X	be bound for		~를 향하여 가다, ~행이다
	O	X	be irrelevant to		~와 관계없다
08	O	X	prior to		~이전에
	O	X	far from		결코 ~이 아닌
	O	X	thank to		~덕분에
	O	X	besides		~을 제외하고, ~이외에

09	O X	a poker face		무표정한 얼굴, 포커페이스	
	O X	a bigmouth		입이 가벼운 사람, 수다스러운 사람	
	O X	Achilles' heel		아킬레스건, 치명적인 약점	
	O X	hue and cry		강력한 항의, 심한 비난	
10	O X	above ~ing		결코 ~ 않다	
	O X	feel like ~ing		~하고 싶다	
	O X	make a point of ~ing		반드시[애써] ~하다, ~하기로 정하다	
	O X	afraid to		~하고 싶지 않다	
11	O X	bury one's head in the sand		사실을 외면하다, 현실을 도피하다	
	O X	catch at a straw		조그마한 기회에도 필사적으로 매달리다	
	O X	keep one's (big) nose out of		쓸데없는 간섭을 하지 않다	
	O X	hang in the balance		미해결 상태에 있다, 위기에 처해 있다	
12	O X	out of shape		제 모양이 아닌, 건강이 안 좋은, 몸매가 엉망인	
	O X	out of season		제철이 아닌	
	O X	out of (one's) reach		손이 닿지 않는, 힘이 미치지 않는	
	O X	out of place		제자리에 있지 않은, 부적절한	

DAY 20

DAY 21 어휘 막판 테스트

Q. 주어진 어휘와 의미가 가장 가까운 것을 고르시오.

01 affluent
① inclined ② potent
③ wealthy ④ net

02 slacken
① pour ② loosen
③ ignite ④ boast

03 affirmative
① asymmetric ② incoherent
③ reminiscent ④ positive

04 controversy
① travail ② apex
③ disagreement ④ obesity

05 incompatible
① fast ② iconic
③ optional ④ contradictory

06 ruthless
① alien ② callous
③ inexplicable ④ persuasive

07 inevitable
① necessary ② fastidious
③ innocuous ④ savage

08 impoverished
① suggestive ② intact
③ penniless ④ external

09 appalling
① horrific ② earthly
③ mean ④ conventional

10 embroider
① cede ② declaim
③ overhear ④ decorate

11 conceal
① claim ② hide
③ dissipate ④ involve

12 expedient
① lawful ② sapient
③ nocuous ④ convenient

13 conjecture
① dilapidate ② strain
③ guess ④ retreat

14 assault
① describe ② attack
③ manipulate ④ contour

15 evade
① produce ② sway
③ dodge ④ enlist

정답 01 ③ 02 ② 03 ④ 04 ③ 05 ④ 06 ② 07 ① 08 ③ 09 ① 10 ④ 11 ② 12 ④ 13 ③ 14 ② 15 ③

DAY 21 어휘 막판 체크

회독 체크 ○○○○○

01	O X	affluent	부유한, 풍부한
	O X	inclined	~하고 싶어 하는, ~하는 경향이 있는, 경사진
	O X	potent	강한, 강력한
	O X	wealthy	부유한, 재산이 많은
	O X	net	순(純), 최종적인; 그물; 그물로 잡다
02	O X	slacken	완화하다, 느슨해지다
	O X	pour	붓다, 쏟아져 나오다
	O X	loosen	완화하다, 느슨해지다
	O X	ignite	불을 붙이다, 연소시키다, 흥분시키다
	O X	boast	뽐내다, 자랑하다; 자랑
03	O X	affirmative	긍정적인, 확정적인
	O X	asymmetric	비대칭의, 불균형적인
	O X	incoherent	비논리적인, 일관성이 없는, 모순된
	O X	reminiscent	상기시키는, 암시하는, 추억의
	O X	positive	긍정적인, (반응의 결과가) 양성인, 확신하는, 적극적인
04	O X	controversy	논쟁, 다툼
	O X	travail	고생, 고역
	O X	apex	꼭대기, 정점
	O X	disagreement	다툼, 의견 충돌, 불일치
	O X	obesity	비만
05	O X	incompatible	모순된, 양립하지 않는, 상반된
	O X	fast	빠른; 빨리; 단식하다; 단식
	O X	iconic	상징이 되는, 우상의
	O X	optional	선택적인
	O X	contradictory	모순된, 양립하지 않는, 반박하는
06	O X	ruthless	냉혹한, 무자비한, 가차 없는
	O X	alien	생경한, 외국의, 이질적인; 외계인
	O X	callous	냉담한, 무감각한, 굳은
	O X	inexplicable	설명할 수 없는
	O X	persuasive	설득력 있는
07	O X	inevitable	필연적인, 불가피한
	O X	necessary	필요한, 필연적인, 불가피한
	O X	fastidious	세심한, 꼼꼼한, 까다로운
	O X	innocuous	악의 없는, 무해한
	O X	savage	야만적인, 사나운

08	O	X	impoverished		빈곤한, 결핍된
	O	X	suggestive		연상시키는, 외설적인, 도발적인
	O	X	intact		온전한, 손상되지 않은
	O	X	penniless		아주 가난한, 무일푼의
	O	X	external		외부의
09	O	X	appalling		소름 끼치는, 무시무시한, 지독한
	O	X	horrific		소름 끼치는, 무시무시한, 지독한
	O	X	earthly		지구의, 속세의, 전혀
	O	X	mean		평균의, 중간의, 인색한; 평균; 의미하다
	O	X	conventional		관습적인, 전통적인, 틀에 박힌
10	O	X	embroider		꾸미다, 수놓다, 과장하다
	O	X	cede		양보하다
	O	X	declaim		열변을 토하다, 연설하다
	O	X	overhear		엿듣다
	O	X	decorate		꾸미다, 장식하다, 훈장을 수여하다
11	O	X	conceal		숨기다, 은폐하다
	O	X	claim		청구하다, 권리를 주장하다; 청구, 권리, 주장
	O	X	hide		숨기다, 감추다; 은신처
	O	X	dissipate		소멸하다, 낭비하다
	O	X	involve		포함하다, 연루시키다
12	O	X	expedient		편리한, 쓸모 있는; 수단
	O	X	lawful		합법적인
	O	X	sapient		현명한, 박식한
	O	X	nocuous		해로운, 치명적인
	O	X	convenient		편리한, 간편한
13	O	X	conjecture		추측하다, 추정하다
	O	X	dilapidate		황폐시키다, 파손시키다
	O	X	strain		잡아당기다, 긴장시키다, 상하게 하다; 긴장
	O	X	guess		추측하다, 짐작하다, 알아맞히다
	O	X	retreat		후퇴하다, 물러가다; 후퇴, 철수, 도피
14	O	X	assault		폭행하다, 괴롭히다; 폭행, 공격
	O	X	describe		서술하다, 묘사하다
	O	X	attack		폭행하다, 공격하다; 폭행, 공격
	O	X	manipulate		조종하다, 다루다, 조작하여 속이다
	O	X	contour		윤곽을 그리다; 윤곽을 나타내는; 윤곽
15	O	X	evade		피하다, 회피하다
	O	X	produce		생산하다, 제조하다, 야기하다, 제시하다
	O	X	sway		흔들다, 동요시키다; 동요
	O	X	dodge		피하다, 회피하다
	O	X	enlist		요청하다, 징집하다

DAY 21 이디엄 막판 테스트

학습 날짜: _____   맞은 개수: _____

Q. 주어진 의미와 가장 가까운 것을 고르시오.

01 ~을 이해하다, 알아듣다
① cast down   ② come over
③ make out   ④ die down

02 ~을 기다리다, 억제하다, 비밀로 하다
① hit on   ② rest with
③ set off   ④ hold back

03 ~으로 가득 차다
① go out with ② live up to
③ fill up with ④ get on with

04 ~을 공짜로 주다, 폭로하다, 누설하다
① give away   ② take down
③ stick around ④ turn in

05 전속력으로, 전력으로
① at home   ② at first
③ at full tilt ④ at loose ends

06 모방하는 인간
① a blind date ② a copycat
③ a dark horse ④ stuffed shirt

07 ~을 밝히다, 폭로하다
① drive sb. up the wall
② bring sth. to light
③ drop sb. a line
④ leave sb. behind

08 도무지 종잡을 수 없다
① bring a suit against
② go out of one's way
③ hit below the belt
④ can't make head nor tail of

09 보잘것없다, 아무 쓸모가 없다
① control one's temper
② get ahead in the world
③ come to one's senses
④ count for nothing

10 이따금, 가끔
① every now and then
② anything but
③ in particular
④ every inch

11 ~에 의해서, ~의 힘으로, ~덕분으로
① in praise of
② in the interest of
③ in virtue of
④ as regards

12 발생하다
① take place
② do harm
③ live it up
④ distinguish oneself

정답 01 ③ 02 ④ 03 ③ 04 ① 05 ③ 06 ② 07 ② 08 ④ 09 ④ 10 ① 11 ③ 12 ①

DAY 21 이디엄 막판 체크

회독 체크 ○○○○○

			이디엄		뜻
01	O	X	cast down		~을 넘어뜨리다, 낙담시키다, 멸시하다, 파괴하다
	O	X	come over		(어떤 기분이) 갑자기 들다
	O	X	make out		~을 이해하다, 알아듣다
	O	X	die down		차츰 잦아들다, 희미해지다
02	O	X	hit on		불현듯 ~을 떠올리다, ~에게 수작을 걸다
	O	X	rest[lie] with		~에 달려 있다, 나름이다
	O	X	set off		출발하다, 터뜨리다, 유발하다, ~을 설계하다
	O	X	hold back		~을 기다리다, 억제하다, 비밀로 하다
03	O	X	go out with		~와 데이트하다, 사귀다
	O	X	live up to		~에 합당한 생활을 하다, (기대에) 부응하다, (신념 등에 따라) 행동하다
	O	X	fill up (with)		~으로 가득 차다
	O	X	get on with		~와 잘 지내다, 일치하다, 계속하다, 겪어보다
04	O	X	give away		~을 공짜로 주다, 폭로하다, 누설하다
	O	X	take down		~을 기록하다, 끌어내리다, 치우다
	O	X	stick around		떠나지 않다, 곁에서 기다리다
	O	X	turn in		~을 반납하다, 제출하다, 잠자리에 들다, 돌려주다
05	O	X	at home		편안한
	O	X	at first		최초로, 처음에는
	O	X	at full tilt		전속력으로, 전력으로
	O	X	at loose ends		일정한 직업 없이, 빈둥빈둥
06	O	X	a blind date		소개팅, 서로 모르는 남녀의 데이트
	O	X	a copycat		모방하는 인간
	O	X	a dark horse		유력한 경쟁 상대, 다크호스
	O	X	stuffed shirt		딱딱한 사람, 격식을 차리는 사람
07	O	X	drive sb. up the wall		몹시 화나게 하다, 난감하게 만들다
	O	X	bring sth. to light		~을 밝히다, 폭로하다
	O	X	drop sb. a line		~에게 편지를 보내다
	O	X	leave sb[sth] behind		~을 훨씬 앞서다, 영원히 떠나다, 뒤에 남기다
08	O	X	bring[file, start, enter] a suit against		~을 상대로 소송을 제기하다
	O	X	go out of one's way		비상한 노력을 하다, 일부러 ~하다
	O	X	hit[strike] below the belt		비겁한 짓을 하다
	O	X	can't make head nor tail of		도무지 종잡을 수 없다

09	O	X	control[keep] one's temper		화를 참다, 짜증을 참다
	O	X	get ahead (in the world)		출세하다, 성공하다
	O	X	come to one's senses		본심으로 되돌아가다, 의식이 돌아오다
	O	X	count for nothing		보잘것없다, 아무 쓸모가 없다
10	O	X	every now and then		이따금, 가끔
	O	X	anything but		결코 ~이 아닌
	O	X	in particular		특히
	O	X	every inch		전부 다, 완전히
11	O	X	in praise of		~을 칭찬하여
	O	X	in the interest of		~을 위하여
	O	X	in virtue of		~에 의해서, ~의 힘으로, ~덕분으로
	O	X	as regards		~와 관련하여, ~에 대하여
12	O	X	take place		발생하다
	O	X	do harm (to)		해를 끼치다
	O	X	live it up		(보통 돈을 펑펑 쓰면서) 신나게 살다
	O	X	distinguish oneself		이름을 날리다

DAY 22 어휘 막판 테스트

Q. 주어진 어휘와 의미가 가장 가까운 것을 고르시오.

01 firm
① secure   ② momentary
③ silent   ④ presumptuous

02 taint
① decease   ② implicate
③ elongate ④ pollute

03 prevail
① crave   ② triumph
③ allude   ④ protest

04 benign
① inadequate ② immortal
③ congruent ④ kind

05 lucrative
① quaint   ② affectionate
③ profitable ④ monstrous

06 downright
① feasible ② utter
③ homogeneous ④ divergent

07 humble
① consonant ② convoluted
③ fleeting ④ modest

08 despoil
① review   ② recur
③ plunder   ④ devote

09 banal
① marginal ② trite
③ inoffensive ④ partial

10 condone
① oust   ② abscond
③ forgive   ④ massacre

11 muffle
① concur   ② matter
③ wrap   ④ cut

12 everlasting
① tardy   ② constant
③ scattered ④ occult

13 rehabilitate
① lower   ② reinstate
③ reproach ④ stumble

14 acute
① keen   ② mass
③ dedicated ④ sullen

15 crucial
① rife   ② key
③ wanting   ④ objective

정답 01 ① 02 ④ 03 ② 04 ④ 05 ③ 06 ② 07 ④ 08 ③ 09 ② 10 ③ 11 ③ 12 ② 13 ② 14 ① 15 ②

DAY 22 어휘 막판 체크

01	O X	firm	단단한, 확고한, 확실한; 회사
	O X	secure	단단한, 안전한, 안심하는
	O X	momentary	순간적인, 잠깐의
	O X	silent	조용한, 침묵을 지키는
	O X	presumptuous	주제넘은, 건방진
02	O X	taint	더럽히다, 타락시키다; 더러움, 감염, 불명예
	O X	decease	사망하다; 사망
	O X	implicate	연루시키다, 함축하다, 내포하다
	O X	elongate	연장하다, 늘이다
	O X	pollute	더럽히다, 오염시키다, 타락시키다
03	O X	prevail	이기다, 우세하다, 보급되다, 유행하다
	O X	crave	열망하다, 간절히 청하다
	O X	triumph	이기다, 성공하다; 승리
	O X	allude	암시하다, 시사하다, 언급하다
	O X	protest	항의하다, 주장하다
04	O X	benign	친절한, 상냥한, (날씨가) 온화한, 길조의
	O X	inadequate	불충분한, 부적당한, 무능한
	O X	immortal	죽지 않는, 불사의, 불후의
	O X	congruent	동등한, 똑같은, 일치하는
	O X	kind	친절한, (날씨가) 온화한; 종류
05	O X	lucrative	수익성이 좋은, 유리한
	O X	quaint	기묘한, 진기한
	O X	affectionate	애정이 깊은, 상냥한, 애정 어린
	O X	profitable	수익성이 있는, 이득이 되는, 유익한
	O X	monstrous	기괴한, 괴물 같은, 극악무도한, 거대한
06	O X	downright	완전한, 순전한, 솔직한
	O X	feasible	실현 가능한, 그럴싸한, 알맞은
	O X	utter	완전한, 순전한; 말하다
	O X	homogeneous	동종의, 동질의, 단색의
	O X	divergent	일치하지 않는, 갈라지는, 일탈한
07	O X	humble	겸손한, (신분이) 비천한, 초라한
	O X	consonant	일치하는, 조화로운
	O X	convoluted	심오한, 난해한
	O X	fleeting	덧없는, 무상한, 어느덧 지나가는
	O X	modest	겸손한, 신중한, 적당한

08	O X	despoil		약탈하다, 빼앗다, 파괴하다	
	O X	review		다시 조사하다, 복습하다; 평론, 재조사	
	O X	recur		되풀이 되다, 다시 일어나다	
	O X	plunder		약탈하다, 강탈하다; 약탈	
	O X	devote		(몸, 시간, 노력을) 바치다, 헌신하다, 전념하다	
09	O X	banal		진부한, 평범한	
	O X	marginal		미미한, 주변부의	
	O X	trite		진부한, 독창적이지 못한	
	O X	inoffensive		무해한, 악의 없는	
	O X	partial		부분적인, 불공평한, 편애하는	
10	O X	condone		용서하다, 묵인하다	
	O X	oust		내쫓다, 축출하다, 빼앗다	
	O X	abscond		도망가다	
	O X	forgive		용서하다, 너그럽게 봐주다	
	O X	massacre		대학살하다, 대패시키다; 대학살, 대패	
11	O X	muffle		감싸다, 덮다, (소리를) 죽이다	
	O X	concur		동의하다, 일치하다	
	O X	matter		중요하다, 문제 되다; 문제, 상황, 사태	
	O X	wrap		감싸다, 포장하다, 휘감다	
	O X	discontinue		그만두다, 중단하다, 중지되다	
12	O X	everlasting		끊임없는, 영원한, 변치 않는	
	O X	tardy		느린, 더딘	
	O X	constant		끊임없는, 일정한, 변함없는	
	O X	scattered		드문드문 있는, 산발적인	
	O X	occult		불가사의한, 초자연적인	
13	O X	rehabilitate		회복시키다, 복원시키다	
	O X	lower		낮추다; 아래쪽의	
	O X	reinstate		회복시키다, 복귀시키다	
	O X	reproach		비난하다, 자책하다; 비난, 책망	
	O X	stumble		비틀대며 걷다, 더듬거리다, 우연히 마주치다	
14	O X	acute		날카로운, 예리한, 예민한, 격렬한	
	O X	keen		날카로운, 예리한, 예민한, 열심인	
	O X	mass		대량의, 대중의; 모으다; 덩어리, 모임, 일반 대중	
	O X	dedicated		헌신적인, 전념하는, 몰두하는	
	O X	sullen		뚱한, 시무룩한, 음침한	
15	O X	crucial		중대한, 결정적인	
	O X	rife		만연한, 널리 퍼져 있는	
	O X	critical		중대한, 결정적인, 비평의, 비판적인, 위기의	
	O X	wanting		모자라는, 결핍한, ~이 없는	
	O X	objective		목적의, 객관적인, 편견이 없는; 목표, 목적	

DAY 22 이디엄 막판 테스트

학습 날짜 : _____ 맞은 개수 : _____

Q. 주어진 의미와 가장 가까운 것을 고르시오.

01 (~장소에) 있다
① work out   ② belong in
③ turn up   ④ come out

02 ~을 물려받다, 계승하다
① stick with   ② succeed to
③ pass up   ④ hunt for

03 ~을 회복하다, 극복하다
① carry off   ② get to
③ take up   ④ tide over

04 의식을 잃게 하다
① go at   ② tear down
③ knock out   ④ run away with

05 지치다, 기진맥진해지다
① go by   ② put back
③ put up   ④ tire out

06 ~이외의
① instead of   ② with all
③ other than   ④ for all

07 ~으로 구성되다
① be sure of
② be eligible for
③ be consistent with
④ be made up of

08 ~을 화나게 하다
① keep sb. posted
② meet sb. halfway
③ rub sb. against the grain
④ put sb. on the spot

09 ~을 확인하다, ~을 확실히 하다
① roll with the punches
② live on borrowed time
③ make sure
④ participate in

10 ~을 암기하다
① slip one's mind
② take upon oneself
③ cool one's heels
④ learn sth. by heart

11 ~할 경우에
① in preference to
② in the event of
③ in the cause of
④ in honor of

12 한잠 자다
① make a scene
② get the ax
③ come to life
④ sleep a wink

정답 01 ② 02 ② 03 ④ 04 ③ 05 ④ 06 ③ 07 ④ 08 ③ 09 ③ 10 ④ 11 ② 12 ④

DAY 22 이디엄 막판 체크

회독 체크 ○○○○○

01				
	O X	work out		운동하다, 잘 풀리다, 계산하다, 해결하다, 생각해 내다
	O X	belong in[on]		(~장소에) 있다
	O X	turn up		나타나다, 소리를 키우다
	O X	come out		~로부터 나오다, 생산되다, 드러나다
02	O X	stick with		~의 곁에 머물다, 계속하다
	O X	pass up		~을 거절하다, 퇴짜 놓다, 놓치다
	O X	succeed to		~을 물려받다, 계승하다
	O X	hunt for		~을 찾다
03	O X	carry off		(어려운 일을) 해내다, ~을 따다, 타다
	O X	get to		~에 도착하다
	O X	take up		~을 계속하다, (시간, 공간을) 차지하다
	O X	tide over		~을 회복하다, 극복하다
04	O X	go at		~에게 달려들다, ~을 열심히 하다
	O X	tear down		~을 파괴하다, 해체하다, 손상시키다, 비방하다, 논박하다
	O X	knock out[down]		때려눕히다
	O X	run away with		압도적으로 이기다, (사실이 아닌 것을) 믿다, 훔쳐 가다
05	O X	go by		~을 따르다, 시간이 경과하다, 통과하다
	O X	put back		~을 다시 제자리에 갖다 놓다, 미루다, 지연시키다
	O X	put up		(기량을) 보이다, 제시하다, 재워 주다, 세우다
	O X	tire out		녹초가 되게 만들다
06	O X	instead of		~대신에
	O X	with all		~에도 불구하고
	O X	other than		~이외의
	O X	for all		~에도 불구하고
07	O X	be sure of		~을 확신하다
	O X	be eligible for		~에 적격이다
	O X	be consistent with		~와 일치하다, 일관되다
	O X	be made up of		~으로 구성되다
08	O X	keep sb. posted		~에게 계속 알려주다
	O X	meet sb. halfway		~와 타협하다, 절충하다
	O X	rub sb. against the grain		~을 화나게 하다
	O X	put sb. on the spot		~를 곤혹스럽게 만들다

09	O X	roll with the[a] punches		유연하게 대처하다, (공격을) 피하다, (상대를) 누르다
	O X	live on borrowed time		의외로 오래 살다
	O X	make sure		~을 확인하다, ~을 확실히 하다
	O X	participate in		~에 참가하다
10	O X	slip one's mind		잊어버리다, 생각나지 않다
	O X	take upon[on] oneself		책임을 지다, 맡다, 꾸며 보이다
	O X	cool[kick] one's heels		오래 기다리다
	O X	learn[know] sth. by heart		~을 암기하다
11	O X	in preference to		~보다 우선적으로
	O X	in the event of		~할 경우에
	O X	in the cause of		~을 위하여
	O X	in honor of		~에게 경의를 표하여, ~을 기념하여
12	O X	make[create] a scene		한바탕 소란을 피우다
	O X	get the ax		해고당하다, 퇴학당하다, 삭감되다, 중지되다
	O X	come to life		활기를 띠다
	O X	sleep[have] a wink		한잠 자다

DAY 23 어휘 막판 테스트

Q. 주어진 어휘와 의미가 가장 가까운 것을 고르시오.

01 altercate
① roam ② wrangle
③ rear ④ formulate

02 exterminate
① clarify ② abound
③ retrieve ④ kill

03 alike
① luxuriant ② similar
③ adverse ④ distinct

04 defer
① inquire ② grasp
③ suspend ④ flatter

05 torpid
① lethargic ② malicious
③ palpable ④ exempt

06 dissent
① nurture ② demur
③ want ④ facilitate

07 exceptional
① weak ② outstanding
③ oblivious ④ haggard

08 stigma
① disgrace ② agent
③ propaganda ④ canal

09 ingenious
① primitive ② inventive
③ amicable ④ predominant

10 demean
① savor ② divert
③ exhibit ④ degrade

11 vindicate
① induce ② jeopardize
③ irritate ④ justify

12 replicate
① abstain ② mention
③ duplicate ④ grimace

13 enjoin
① grudge ② fascinate
③ cling ④ ban

14 mingle
① disturb ② mix
③ muzzle ④ countenance

15 dismal
① decent ② gloomy
③ perennial ④ staggering

정답 01 ② 02 ④ 03 ② 04 ③ 05 ① 06 ② 07 ② 08 ① 09 ② 10 ④ 11 ④ 12 ③ 13 ④ 14 ② 15 ②

DAY 23 어휘 막판 체크

01				
	O	X	altercate	말다툼하다, 언쟁하다
	O	X	roam	돌아다니다, 배회하다
	O	X	wrangle	말다툼하다, 언쟁하다; 논쟁
	O	X	rear	기르다, 부양하다, 세우다; 뒤; 후방의
	O	X	formulate	만들어 내다, 표현하다
02	O	X	exterminate	몰살시키다, 전멸시키다
	O	X	abound	많이 있다, 풍부하다
	O	X	clarify	명확하게 하다, 분명히 말하다
	O	X	retrieve	되찾다, 회복하다, 만회하다, 구출하다
	O	X	kill	죽이다, 목숨을 앗아가다, 망치다
03	O	X	alike	비슷한; 마찬가지로
	O	X	luxuriant	무성한, 풍성한, 풍부한
	O	X	similar	비슷한, 유사한, 닮은
	O	X	adverse	반대의, 부정적인, 불리한
	O	X	distinct	뚜렷한, 구별되는, 확실한
04	O	X	defer	미루다, 연기하다
	O	X	inquire	묻다, 조사하다
	O	X	grasp	움켜잡다, 이해하다; 꽉 쥐기, 이해
	O	X	suspend	매달다, 중지하다, 미루다
	O	X	flatter	아첨하다
05	O	X	torpid	무기력한
	O	X	lethargic	무기력한, 혼수상태의
	O	X	malicious	악의 있는, 악의적인, 심술궂은
	O	X	palpable	명백한, 분명한
	O	X	exempt	면제되는; 면제하다
06	O	X	dissent	반대하다; 반대
	O	X	nurture	양육하다, 육성하다; 양육, 육성
	O	X	demur	반대하다, 이의를 제기하다
	O	X	want	원하다, 필요하다, 부족하다; 필요, 결핍, 곤궁
	O	X	facilitate	용이하게 하다, 촉진하다, 조장하다
07	O	X	exceptional	매우 뛰어난, 우수한, 예외적인
	O	X	weak	약한, 불충분한
	O	X	outstanding	뛰어난, 중요한, 미해결된
	O	X	oblivious	안중에 없는, 잘 잊어버리는
	O	X	haggard	여윈, 수척한, 초췌한

08	O	X	stigma		불명예, 오명, 치욕
	O	X	disgrace		불명예, 망신; 불명예를 초래하다
	O	X	agent		대리인, 행위자, 대표자, 힘
	O	X	propaganda		선전
	O	X	canal		운하, 관
09	O	X	ingenious		재간 있는, 영리한, 독창적인
	O	X	primitive		원시적인, 원시의
	O	X	inventive		독창적인, 창의력이 풍부한, 발명의
	O	X	amicable		우호적인, 원만한, 평화적인
	O	X	predominant		우세한, 탁월한, 두드러진
10	O	X	demean		(품위, 품격을) 떨어뜨리다, 비하하다, 처신하다
	O	X	savor		맛이 있다; 맛, 풍미, 재미
	O	X	divert		전환하다, (주의를) 딴 곳으로 돌리다
	O	X	exhibit		전시하다, 나타내다; 전시
	O	X	degrade		(품의, 지위를) 떨어뜨리다, 타락하다
11	O	X	vindicate		정당화하다, 입증하다, 주장하다
	O	X	induce		권유하다, 야기하다, 유발하다
	O	X	jeopardize		위태롭게 하다
	O	X	irritate		짜증나게 하다, 화나게 하다, 염증을 일으키다
	O	X	justify		정당화하다, 옳다고 하다
12	O	X	replicate		복제하다, 모사하다
	O	X	abstain		참다, 억제하다
	O	X	mention		언급하다
	O	X	duplicate		복사하다, 복제하다; 복제; 중복의
	O	X	grimace		얼굴을 찡그리다; 찡그린 표정
13	O	X	enjoin		금지하다, 명하다
	O	X	grudge		원한을 품다, 인색하게 굴다; 원한
	O	X	fascinate		마음을 사로잡다, 매혹하다
	O	X	cling		매달리다, 애착을 갖다
	O	X	ban		금지하다; 금지
14	O	X	mingle		섞다, 혼합하다, 어울리다
	O	X	disturb		방해하다, 불안하게 하다
	O	X	mix		섞다, 혼합하다
	O	X	muzzle		억압하다, 진압하다
	O	X	countenance		장려하다, 묵인하다; (얼굴의) 표정
15	O	X	dismal		우울한, 음침한, 황량한; 우울
	O	X	decent		적당한, 예의 바른
	O	X	gloomy		우울한, 침울한, 울적한
	O	X	perennial		지속되는, 영원한, (식물이) 다년생의
	O	X	staggering		충격적인, 믿기 어려운

DAY 23 이디엄 막판 테스트

학습 날짜 : _____ 맞은 개수 : _____

Q. 주어진 의미와 가장 가까운 것을 고르시오.

01 ~에 당황하다, 불시에 당하다
① be taken aback ② keep to
③ be sensible of ④ run aground

02 ~을 제거하다
① run over ② put over
③ weed out ④ lay over

03 ~에 놓여 있다
① get in ② lie in
③ turn away ④ hold up

04 잠을 깨다, 깨우다
① set apart ② put out
③ wake up ④ deal in

05 본전치기하다
① go astray ② break even
③ all ears ④ step on it

06 소식을 전하다
① break the news ② run an errand
③ take the lead ④ take a seat

07 ~하는 경향이 있다
① tend to 동사원형
② be pleased to 동사원형
③ never fail to 동사원형
④ be worthwhile to 동사원형

08 A를 B로 간주하다
① take A for B
② think of A as B
③ compare A to B
④ introduce A to B

09 ~을 경시하다
① make no account of
② pride oneself on
③ get one's point across
④ resign oneself to

10 불티나게 팔리다
① run the risk
② pull one's weight
③ sell off like hot cakes
④ throw out the baby with the bathwater

11 진솔하게 이야기하다
① talk turkey
② be the talk of the town
③ make a fortune
④ wash one's dirty linen in public

12 각별히 환영하다
① get out of hand
② take one's eye off the ball
③ roll out the red carpet
④ make good time

정답 01 ① 02 ③ 03 ② 04 ③ 05 ② 06 ① 07 ① 08 ② 09 ① 10 ③ 11 ① 12 ③

DAY 23 이디엄 막판 체크

01			
O X	be taken aback		~에 당황하다, 불시에 당하다
O X	keep to		(길을) 계속 따라가다, 고수하다, (약속을) 따르다
O X	be sensible of		~을 알아차리다
O X	run[go, strike] aground		(배가) 좌초하다, (계획이) 좌절되다

02			
O X	run over		(내용물이) 넘치다, (사람, 동물을) 치다, 재빨리 훑어보다
O X	put over		~을 호평받게 하다, 연기하다
O X	weed out		~을 제거하다
O X	lay over		(잠깐) 머물다, 들르다, 덮어씌우다, 연기하다

03			
O X	get in		~에 도착하다, 당선되다, 입학 허가를 받다
O X	lie in		~에 놓여 있다
O X	turn away		물리치다, 외면하다, 돌보지 않다, 거절하다
O X	hold up		견디다, 떠받치다, 지연시키다, 제시하다

04			
O X	set apart		떼어 두다, 구별하다, 보류하다
O X	put out		내쫓다, (손을) 내밀다, (불을) 끄다, 생산하다
O X	wake up		잠을 깨다, 깨우다
O X	deal in		~을 취급하다, 거래하다, 받아들이다, 다루다

05			
O X	go astray		길을 잃다; 분실되다
O X	break even		본전치기하다
O X	all ears		귀를 기울이다
O X	step on it		서두르다, 속도를 내다

06			
O X	break the news		소식을 전하다
O X	run an errand		심부름하다
O X	take the[a] lead		선두에 서다, 솔선수범하다, 힌트를 얻다
O X	take[have] a seat		앉다

07			
O X	tend to 동사원형		~하는 경향이 있다
O X	be pleased to 동사원형		기꺼이 ~하다, ~해서 반갑다
O X	never fail to 동사원형		기필코 ~하다
O X	be worthwhile to 동사원형		보람이 있다

08			
O X	take A for B		B의 대금[임금]으로 A를 받다
O X	think of A as B		A를 B로 간주하다
O X	compare A to B		A를 B에 비유하다
O X	introduce A to B		A를 B에게 소개해주다

09	O X	make no account of		~을 경시하다
	O X	pride oneself on		~을 자랑하다
	O X	get one's point across		~의 요점을 이해시키다
	O X	resign oneself to		~을 체념하여 받아들이다
10	O X	run the risk (of)		위험을 무릅쓰다
	O X	pull one's (own) weight		자기의 역할을 다하다, 자기 체중을 실어 배를 젓다
	O X	sell (off) like hot cakes		불티나게 팔리다
	O X	throw out the baby with the bathwater		원치 않는 것을 없애려다가 소중한 것까지 잃다
11	O X	talk turkey		진솔하게 이야기하다
	O X	be the talk of the town		장안의 화제가 되다
	O X	make[build up] a fortune		부자가 되다, 재산을 모으다
	O X	wash one's dirty linen in public		집안의 수치를 드러내다, 사적인 문제를 남의 앞에서 논의하다
12	O X	get out of hand		감당할 수 없게 되다
	O X	take one's eye off the ball		가장 중요한 것에서 눈을 떼다
	O X	roll out the red carpet		각별히 환영하다
	O X	make good[poor] time		(일, 속도가) 빠르다[더디다]

DAY 24 어휘 막판 테스트

Q. 주어진 어휘와 의미가 가장 가까운 것을 고르시오.

01 extricate
① observe ② exonerate
③ scorn ④ disentangle

02 troublesome
① articulate ② timid
③ vulnerable ④ tiresome

03 explicate
① waive ② expound
③ rupture ④ oppose

04 presuppose
① revise ② grieve
③ submit ④ presume

05 disseminate
① disgust ② diffuse
③ maneuver ④ transcend

06 pathetic
① considerate ② arbitrary
③ crestfallen ④ pitiful

07 meaningless
① provocative ② useless
③ dexterous ④ vital

08 align
① charge ② ally
③ introduce ④ veil

09 exercise
① withdraw ② train
③ defraud ④ lurk

10 autonomous
① self-governing ② minor
③ risky ④ available

11 prestigious
① negligible ② defunct
③ advertent ④ famed

12 old-fashioned
① malign ② obsolete
③ bleak ④ sheer

13 persevering
① infallible ② patient
③ conscientious ④ treacherous

14 damage
① respect ② encounter
③ plunge ④ compromise

15 poignant
① incisive ② easygoing
③ stern ④ morose

정답 01 ④ 02 ④ 03 ② 04 ④ 05 ② 06 ④ 07 ② 08 ② 09 ② 10 ① 11 ④ 12 ② 13 ② 14 ④ 15 ①

DAY 24 어휘 막판 체크

01	O X	extricate		해방시키다, 탈출시키다, 구별하다
	O X	observe		목격하다, 관찰하다, (규칙 등을) 준수하다
	O X	exonerate		해방시키다, 무죄가 되게 하다, 면제하다
	O X	scorn		경멸하다, 깔보다, 비웃다; 경멸
	O X	disentangle		해방시키다, 얽힌 것을 풀다
02	O X	troublesome		성가신, 귀찮은
	O X	articulate		분명히 표현하다; 분명한
	O X	timid		소심한
	O X	vulnerable		취약한, 연약한
	O X	tiresome		성가신, 귀찮은, 싫증 나는, 지루한
03	O X	explicate		설명하다, 해석하다
	O X	waive		포기하다, 보류하다, 미루다
	O X	expound		상세히 설명하다, 해석하다, 해설하다
	O X	rupture		파열시키다; 파열
	O X	oppose		반대하다, 대항하다
04	O X	presuppose		추정하다, 가정하다, 필요 조건으로 하다
	O X	revise		변경하다, 수정하다, 개정하다
	O X	grieve		비통해하다, 대단히 슬프게 만들다
	O X	submit		복종시키다, 제출하다, 항복하다
	O X	presume		추정하다, 가정하다, 감히 ~하다
05	O X	disseminate		퍼뜨리다, 전파하다
	O X	disgust		역겹게 하다; 혐오감
	O X	diffuse		퍼뜨리다, 발산하다; 널리 퍼진
	O X	maneuver		연습시키다, 조종하다; 책략
	O X	transcend		초월하다, 능가하다
06	O X	pathetic		불쌍한, 애처로운, 한심한, 무기력한
	O X	considerate		사려 깊은, 신중한, 조심하는
	O X	arbitrary		임의의, 독단적인
	O X	downcast		풀이 죽은, 눈을 내리깐
	O X	pitiful		측은한, 가련한, 한심한
07	O X	meaningless		무의미한, 무익한, 목적 없는
	O X	provocative		성나게 하는, 자극하는
	O X	useless		쓸모없는, 무익한, 헛된
	O X	dexterous		솜씨 좋은, 영리한
	O X	vital		생명의, 활기 있는, 중대한, 치명적인

08	O	X	align		제휴시키다, 정렬시키다
	O	X	charge		청구하다, 가득 채우다, 습격하다
	O	X	ally		제휴시키다, 동맹시키다
	O	X	introduce		소개하다, 도입하다
	O	X	veil		베일로 가리다, 감추다; 베일, 덮개
09	O	X	exercise		운동시키다, 훈련하다, (권력을) 행사하다; 운동, 연습
	O	X	withdraw		움츠리다, 철수시키다, 철회하다, 취소하다, 인출하다
	O	X	train		훈련하다, 양성하다, 가르치다; 열차, 긴 열
	O	X	defraud		속이다, 횡령하다, 사기치다
	O	X	lurk		숨다, 잠복하다, 잠재하다
10	O	X	autonomous		자치의, 자주적인, 독립된
	O	X	self-governing		자치의
	O	X	minor		작은 편의, 중요치 않은, 손아래의
	O	X	risky		위험한
	O	X	available		이용할 수 있는, 쓸모 있는
11	O	X	prestigious		유명한, 일류의
	O	X	negligible		하찮은, 무시해도 좋은
	O	X	defunct		소멸한, 소멸하는
	O	X	advertent		신중한, 주의 깊은
	O	X	famed		아주 유명한, 저명한
12	O	X	old-fashioned		구식의, 유행에 뒤떨어진
	O	X	malign		해로운; 비방하다
	O	X	obsolete		쓸모없게 된, 구식의; 진부하게 하다
	O	X	bleak		암울한, 절망적인
	O	X	sheer		얇은, 순수한, 완전한, 가파른
13	O	X	persevering		참을성 있는, 끈기 있는
	O	X	infallible		확실한, 틀림없는
	O	X	patient		참을성 있는, 끈기 있는, 허용하는; 환자
	O	X	conscientious		양심적인
	O	X	treacherous		배반하는, 믿을 수 없는, 위험한
14	O	X	damage		피해를 입히다; 손상, 피해
	O	X	respect		존경하다, 존중하다; 존경, 존중
	O	X	encounter		우연히 만나다, 부닥치다; 마주침
	O	X	plunge		감소하다, 급락하다, 추락하다
	O	X	compromise		손상하다, 타협시키다, 화해하다; 타협
15	O	X	poignant		신랄한, 통렬한, 날카로운
	O	X	incisive		신랄한, 예리한, 재빠른
	O	X	easygoing		태평스러운, 안이한, 게으른
	O	X	stern		엄격한, 단호한
	O	X	morose		시무룩한, 뚱한

DAY 24 이디엄 막판 테스트

학습 날짜 : _____ 맞은 개수 : _____

Q. 주어진 의미와 가장 가까운 것을 고르시오.

01 간결한, 간단명료한
① to the point   ② on the spot
③ off the point   ④ on the ball

02 교대로 하다
① break a habit   ② take turns
③ lose one's style   ④ set free

03 그 반대도 마찬가지이다
① vice versa   ② be on the fence
③ not to mention   ④ not even

04 대개
① by accident   ② hand in hand
③ so far   ④ in general

05 소위, 이른바
① cutting-edge   ② top-notch
③ so-called   ④ every bit

06 아주 행복한
① out of sorts   ② on cloud nine
③ all nerves   ④ on edge

07 예기치 못한 일
① a bolt from the blue sky
② red tape
③ a man of the world
④ a shot in the dark

08 장소에 어울리지 않는
① without doubt
② with one's nose in the air
③ like a fish out of water
④ beyond question

09 정저지와(井底之蛙), 우물 안 개구리
① one of a kind
② a big fish in a little pond
③ Alpha and Omega
④ a house-warming party

10 출세하다, 성공하다
① have it in for
② get on in life
③ make (a) shift
④ have had enough of

11 집 내부의 사정
① bad blood
② a needle in a haystack
③ pain in the neck
④ a skeleton in the closet

12 제정신이 아닌, 미친
① as hard as nails
② cool as a cucumber
③ out of one's mind
④ with a grain of salt

정답 01 ① 02 ② 03 ① 04 ④ 05 ③ 06 ② 07 ① 08 ③ 09 ② 10 ② 11 ④ 12 ③

DAY 24 이디엄 막판 체크

회독 체크 ○○○○○

01	O X	to the point	간결한, 간단명료한
	O X	on the spot	즉각, 현장에서, 제자리에서
	O X	off[beside] the point	요점을 벗어난, 예상이 어긋난
	O X	on the ball	일이 어떻게 돌아가는지 훤히 알다, 사정을 꿰고 있다
02	O X	break a habit	(나쁜) 습관을 없애다
	O X	take turns	교대로 하다, 차례대로 돌아가며 하다
	O X	lose one's style [dignity, poise]	품위를 잃다
	O X	set free	해방하다, 석방하다
03	O X	vice versa	그 반대도 마찬가지이다
	O X	be on the fence	기회를 살피다
	O X	not to mention	~은 말할 것도 없이
	O X	not even	전혀 ~아니다, ~조차 않다
04	O X	by accident[chance]	우연히
	O X	hand in hand	손을 마주 잡고, 제휴하여
	O X	so far	지금까지, (제한된) 어느 정도까지만
	O X	in general	대개
05	O X	cutting-edge	최첨단의, 최신식의
	O X	top-notch	최고의, 아주 뛰어난
	O X	so-called	소위, 이른바
	O X	every bit	모두, 전적으로
06	O X	out of sorts	불쾌한, 몸이 불편한
	O X	on cloud nine	아주 행복한
	O X	all nerves	신경이 예민한
	O X	on edge	흥분하여, 과민하여, 못 견뎌 하는
07	O X	a bolt from[out of] the blue (sky)	예기치 못한 일
	O X	red tape	(관공서의) 불필요한 요식
	O X	a man of the world	세상 물정에 밝은 사람
	O X	a shot in the dark	근거 없는 짐작, 억측
08	O X	without (a) doubt	의심할 바 없이, 확실히
	O X	with one's nose in the air	오만하게, 거드름 피우며
	O X	like a fish out of water	장소[상황]에 어울리지 않는
	O X	beyond (all) question	의심할 여지 없이, 물론, 분명히

09	O	X	one of a kind		독특한 것, 독특한 사람
	O	X	a big fish in a little pond		정저지와(井底之蛙), 우물 안 개구리
	O	X	Alpha and Omega		시작과 끝, 모든 것, 근본
	O	X	a house-warming party		집들이
10	O	X	have it in for		~에게 원한을 품다; ~을 한스럽게 여기다
	O	X	get on in life[the world]		출세하다, 성공하다
	O	X	make (a) shift		그럭저럭 꾸려 나가다, 최대의 노력을 하다
	O	X	have had enough of		~에 질리다, 참을 만큼 참다
11	O	X	bad blood		원한, 안 좋은 감정
	O	X	a needle in a haystack		거의 불가능한 일
	O	X	pain in the neck		골칫거리, 문제 인물
	O	X	a skeleton in the closet		집 내부의 사정, 비밀, 숨기고 싶은 수치
12	O	X	(as) hard as nails		냉혹한, 무자비한, 건장한
	O	X	cool as a cucumber		핵심에서 벗어나
	O	X	out of one's mind		제정신이 아닌, 미친
	O	X	with a grain[pinch] of salt		감안하여, 에누리해서

DAY 25 어휘 막판 테스트

학습 날짜: _____   맞은 개수: _____

Q. 주어진 어휘와 의미가 가장 가까운 것을 고르시오.

01 transmit
① honor ② segregate
③ transfer ④ abridge

02 thorough
① obligatory ② consummate
③ medium ④ proper

03 omit
① neglect ② ease
③ execute ④ serve

04 unclear
① indefinite ② hasty
③ inadvertent ④ formidable

05 complex
① covetous ② complicated
③ profound ④ orthodox

06 obsess
① shelve ② preoccupy
③ languish ④ trail

07 immutable
① punctual ② unchanging
③ infectious ④ prolific

08 affordable
① apocalyptic ② manageable
③ sagacious ④ pretentious

09 resolute
① steadfast ② exotic
③ improbable ④ sacred

10 impressive
① intrepid ② specious
③ egocentric ④ memorable

11 interrogate
① question ② vacate
③ land ④ halt

12 humorous
① innocent ② amusing
③ ethical ④ outright

13 insulated
① canny ② isolated
③ sequential ④ spotless

14 corporal
① physical ② inept
③ gregarious ④ obsequious

15 extensive
① vast ② stale
③ animate ④ sedentary

정답 01 ③ 02 ② 03 ① 04 ① 05 ② 06 ② 07 ② 08 ② 09 ① 10 ④ 11 ① 12 ② 13 ② 14 ① 15 ①

DAY 25 어휘 막판 체크

회독 체크 ○○○○○

			단어		뜻
01	O	X	transmit		전송하다, 방송하다, 전염시키다
	O	X	honor		존경하다, 존중하다, 명예를 주다; 명예, 영광, 존경
	O	X	segregate		분리하다, 격리하다
	O	X	transfer		이송하다, 이동하다, 전염시키다, 환승하다
	O	X	abridge		요약하다, 단축하다, 약화시키다
02	O	X	thorough		빈틈없는, 철저한, 완전한
	O	X	obligatory		의무적인, 강제적인
	O	X	consummate		완전한; 완성하다, 완료하다
	O	X	medium		중간의; 매체, 도구
	O	X	proper		적절한, 올바른
03	O	X	omit		게을리하다, 생략하다
	O	X	neglect		게을리하다, 무시하다; 태만, 소홀
	O	X	ease		완화시키다, 빼앗다, 느슨하게 하다; 쉬움, 편안함
	O	X	execute		실행하다, 처형하다
	O	X	serve		섬기다, 시중들다, 복무하다, 공급하다
04	O	X	unclear		불확실한, 분명하지 않은
	O	X	indefinite		분명하지 않은, 일정치 않은, 한계가 없는
	O	X	hasty		서두른, 성급한, 경솔한
	O	X	inadvertent		우연의, 의도하지 않은, 부주의한, 경솔한
	O	X	formidable		무서운, 만만찮은, 방대한, 강력한
05	O	X	complex		복잡한, 복합의; 복합 건물, 집합체, 강박관념
	O	X	covetous		탐욕스러운, 만족시킬 수 없는
	O	X	complicated		복잡한, 이해하기 어려운, 뒤얽힌
	O	X	profound		심오한, 난해한
	O	X	orthodox		정통의, 전통적인
06	O	X	obsess		(마음을) 사로잡다, 집착하게 하다, 강박감을 갖다
	O	X	shelve		선반에 얹다, 보류하다, 해고하다, 선반을 달다
	O	X	preoccupy		(마음을) 사로잡다, 몰두하게 하다, 선점하다
	O	X	languish		기운이 없어지다, 그리워하다, 시들다
	O	X	trail		끌다, 추적하다; 흔적
07	O	X	immutable		불변의, 변치 않는
	O	X	punctual		제시간에
	O	X	unchanging		불변의, 변하지 않는
	O	X	infectious		전염되는
	O	X	prolific		풍부한, 풍족한

08	O	X	affordable		감당할 수 있는, 알맞은
	O	X	apocalyptic		종말론적인, 계시의
	O	X	manageable		감당할 수 있는, 관리할 수 있는, 처리할 수 있는
	O	X	sagacious		현명한
	O	X	pretentious		자만하는, 허세 부리는
09	O	X	resolute		확고한, 단호한
	O	X	steadfast		확고한, 흔들리지 않는
	O	X	exotic		이국적인, 외래의, 신종의
	O	X	improbable		있을 것 같지 않은, 사실 같지 않은
	O	X	sacred		신성한, 성스러운
10	O	X	impressive		인상적인, 감동적인, 장엄한
	O	X	intrepid		용감한, 대담한
	O	X	specious		외양만 좋은, 그럴듯한
	O	X	egocentric		자기중심적인, 이기적인
	O	X	memorable		인상적인, 기억할 만한, 중요한, 현저한
11	O	X	interrogate		심문하다, 추궁하다
	O	X	question		심문하다, 질문하다, 의심하다; 질문, 문제, 의심
	O	X	vacate		비우다, 사퇴하다, 무효로 하다, 해방하다
	O	X	land		상륙시키다, 착륙시키다; 육지, 땅, 나라
	O	X	halt		중지하다, 멈추다
12	O	X	humorous		재미있는, 익살맞은
	O	X	innocent		순진한, 결백한, 무해한
	O	X	amusing		재미있는, 즐거운
	O	X	ethical		윤리적인, 도덕적인
	O	X	outright		솔직한, 완전한
13	O	X	insulated		(전기, 물리 등) 절연된, 격리된
	O	X	canny		영리한, 빈틈없는
	O	X	isolated		(전기 등) 절연된, 격리된, 고립된
	O	X	sequential		순차적인
	O	X	spotless		오점이 없는, 결백한, 순결한
14	O	X	corporal		신체의, 육체적인, 개인적인
	O	X	physical		신체의, 육체의, 물질적인, 물리적인, 물리학의
	O	X	inept		서투른, 솜씨 없는
	O	X	gregarious		사교적인, 떼 지어 사는
	O	X	obsequious		아부하는
15	O	X	extensive		광대한, 넓은, 포괄적인
	O	X	stale		신선하지 않은, 진부한
	O	X	vast		광대한, 거대한, 막대한
	O	X	animate		생명이 있는, 활발한; 생명을 불어넣다, 고무하다
	O	X	sedentary		앉아 있는, 활발하지 않은, 굼뜬

DAY 25 이디엄 막판 테스트

학습 날짜: _____ 맞은 개수: _____

Q. 주어진 의미와 가장 가까운 것을 고르시오.

01 더 이상 ~아닌
① no longer ② no less than
③ little short of ④ little better than

02 조금은, 어느 정도
① step by step ② on time
③ in a degree ④ in detail

03 ~을 놀리다
① speak ill of ② make head or tail of
③ pull one's leg ④ lose one's shirt

04 지친, 녹초가 된
① speak out ② tired out
③ in stock ④ put together

05 즉시
① of one's own accord ② now and then
③ in no time ④ in one's shoes

06 ~와 관련하여, ~에 대하여
① in effect ② on the whole
③ on behalf of ④ with regard to

07 ~이므로, ~인 까닭에, ~하는 한
① under the control of
② inasmuch as
③ out in left field
④ at the top of one's lungs

08 순간적인 충동에서, 충동적으로
① at one's fingertips
② full of hot air
③ talk through one's hat
④ on the spur of the moment

09 ~하는 동안에, ~중에
① in touch with
② in the power of
③ in[as a] token of
④ in the course of

10 타이어가 펑크 나다
① let sleeping dogs lie
② have a flat tire
③ have a soft spot for
④ beat oneself up

11 ~을 보고도 못 본 체하다
① turn a blind eye to
② turn one's nose up at
③ keep one's hands off
④ have the upper hand of

12 막 ~하려는 찰나에
① in one's honor
② a variety of
③ make a mockery of
④ on the edge of

정답 01 ① 02 ③ 03 ③ 04 ② 05 ③ 06 ④ 07 ② 08 ④ 09 ④ 10 ② 11 ① 12 ④

DAY 25 이디엄 막판 체크

01	O	X	no longer		더 이상 ~아닌
	O	X	no less than		자그마치, 꼭 ~만큼, ~에 못지않게
	O	X	little short of		거의 ~인, ~에 가까운
	O	X	little (or no) better than		~나 다름없는, 마찬가지인
02	O	X	step by step		한 걸음 한 걸음, 점진적으로
	O	X	on time		정각에, 시간을 어기지 않고
	O	X	in a degree[measure]		어느 정도
	O	X	in detail		자세하게
03	O	X	speak ill[well] of		나쁘게 말하다, 욕을 하다 [좋게 말하다]
	O	X	make head or tail of		~을 이해하다
	O	X	pull[draw] one's leg(s)		~을 놀리다
	O	X	lose one's shirt		무일푼이 되다
04	O	X	speak out		분명하게 이야기하다, 솔직하게 이야기하다
	O	X	tired out		지친, 녹초가 된
	O	X	in stock		재고가 있는
	O	X	put together		조립하다, 모으다
05	O	X	of one's own accord		자발적으로, 자진해서, 저절로
	O	X	now and then[again]		이따금, 가끔, 때때로
	O	X	in no time		즉시
	O	X	in one's shoes		~의 입장에서
06	O	X	in effect		사실상, 실제로는, 시행 중인
	O	X	on the whole		전반적으로, 대체로
	O	X	on behalf of		~을 대신하여, 대표하여, ~을 위해서
	O	X	with[in] regard to		~와 관련하여, ~에 대하여
07	O	X	under the control of		~의 마음대로 되어
	O	X	inasmuch as		~이므로, ~인 까닭에, ~하는 한
	O	X	out in left field		완전히 잘못 생각하여, 머리가 이상하여
	O	X	at the top of one's lungs		목소리를 높여
08	O	X	at one's fingertips [fingers' ends]		~에 정통한
	O	X	full of hot air		틀린, 잘못된, 허풍의
	O	X	talk through one's hat		허튼소리를 하다
	O	X	on the spur of the moment		순간적인 충동에서, 충동적으로

09	O X	in touch[contact] with		~와 접촉하여, 연락하여	
	O X	in the power of		~의 지배 아래	
	O X	in[as a] token of		~의 표시로, 증거로	
	O X	in the course of		~하는 동안에, ~중에	
10	O X	let sleeping dogs lie		긁어 부스럼 만들지 않다	
	O X	have a flat tire		타이어가 펑크 나다	
	O X	have a soft spot for		~에 약하다, ~을 매우 좋아하다	
	O X	beat oneself up		자책하다	
11	O X	turn a[one's] blind eye to		~을 보고도 못 본 체하다	
	O X	turn one's nose up at		~을 비웃다, 콧방귀 뀌다, 경멸하다	
	O X	keep one's hands off		~에 손대지 않다, ~에 간섭하지 않다	
	O X	have[gain, get] the upper hand of		~보다 우세하다, 이기다, 지배하다	
12	O X	in one's honor		~에게 경의를 표하여, ~을 기념하여	
	O X	a variety of		다양한	
	O X	make a mockery of		~을 비웃다[놀림감을 만들다]	
	O X	on the edge[brink, verge, point] of		막 ~하려는 찰나에	

APPENDIX

생활영어 막판 뒤집기

001	O X	What's the score?		(경기에서) 점수는 어땠니? / 점수가 몇 대 몇이었니?
002	O X	Let's go Dutch (treat).		(계산하기) 각자 내자.
003	O X	I'll treat you.		(계산하기) 내가 살게.
004	O X	I'm tired of it.		(그건 이제) 지긋지긋해요. / 진절머리가 나요.
		= I've had it.		
		= I've had enough.		
		= I'm sick and tired of it.		
		= I'm sick of it.		
005	O X	What are the symptoms?		(병원에서) 어디가 어떻게 안 좋으세요?
006	O X	What's in the theater?		(영화관에서) 뭐가 상영 중이죠?
		= What's playing[running]?		
007	O X	Would you make that separate checks?		(음식점에서) 각자 지불할 수 있는 계산서로 주시겠어요?
008	O X	Can I have the check[bill, tab], please?		(음식점에서) 계산서 좀 갖다주시겠어요?
009	O X	Could you put it in a doggy bag?		(음식점에서) 남은 음식 싸주실 수 있나요?
		= Can you give me a doggy bag?		
010	O X	I'll get this.		(음식점에서) 내가 낼게.
		= I'll pick up the check[bill, tab].		
		= This is on me.		
		= Let's split the bill.		
		= Let me take care of the bill.		
		= I'll foot the bill.		
011	O X	How do you want this[the money]?		(음식점에서) 돈을 어떻게 드릴까요?
012	O X	How many in your party?		(음식점에서) 몇 분이십니까?
013	O X	I'm not being helped here.		(음식점에서) 아무도 주문을 안 받네요.
014	O X	Keep the change.		(음식점에서) 잔돈은 됐습니다.

| 015 | O X | Make it two, please. | (음식점에서) 저도 같은 걸로 주세요. |

= The same for me.
= Same here.

| 016 | O X | Have you been waited on? | (음식점에서) 주문하셨나요? |

= Are you being waited on?

017	O X	Don't hold your breath.	(일어나리라고) 기대하지 마라.
018	O X	Can you put me through to ~ ?	(전화상으로) ~를 바꿔 주시겠어요?
019	O X	May I speak to Jane?	(전화상으로) Jane과 통화할 수 있을까요?
020	O X	This is Tom.	(전화상으로) Tom입니다.

= Tom speaking.

021	O X	Put him[her] through.	(전화상으로) 그 사람 좀 연결해 주세요.
022	O X	He is on another line.	(전화상으로) 그는 다른 전화를 받고 있습니다.
023	O X	He's out.	(전화상으로) 그는 외출했습니다.
024	O X	He's on the phone.	(전화상으로) 그는 지금 통화 중이에요.
025	O X	He's gone for the day.	(전화상으로) 그는 퇴근했습니다.
026	O X	He's on vacation[leave].	(전화상으로) 그는 휴가 중입니다.
027	O X	Hold[Hang] on, please.	(전화상으로) 끊지 말고 기다리세요.

= Stay on the line, please.
= Hold the line[wire], please.

| 028 | O X | He's stepped out. | (전화상으로) 나갔는데요. / 자리에 없는데요. |
| 029 | O X | Who are you calling? | (전화상으로) 누구를 바꿔 드릴까요? |

= Who do you want to speak to?

| 030 | O X | Connect me with the office. | (전화상으로) 사무실로 연결해 주세요. |

| 031 | O X | Who is calling[speaking], please? | (전화상으로) 실례지만 누구시죠? |

= Who is this speaking[calling]?
= May I ask who's calling, please?
= Who's this, please?

| 032 | O X | I'll transfer your call. | (전화상으로) 연결해 드리겠습니다. |

= I'll put you through.

| 033 | O X | Hold on, please. | (전화상으로) 잠시만 기다리세요. |
| 034 | O X | Speaking. | (전화상으로) 전데요. |

= It's me.
= This is he[she] speaking.

035	O X	The line is busy[engaged].	(전화상으로) 통화 중입니다.
036	O X	The lines are crossed.	(전화상으로) 혼선되었어요.
037	O X	Here we go again.	(지겹게도) 또 시작이군.
038	O X	We are almost there[close].	(택시에서) 거의 다 왔습니다.

= We'll be there in no time.

| 039 | O X | Could you tell me the way to ~ ? | ~로 가는 길을 알려주시겠어요? |
| 040 | O X | May I talk to ~ ? | ~를 바꿔 주시겠습니까? |

= Can I speak to ~ ?

041	O X	How would you like ~ ?	~를 어떻게 해드릴까요?
042	O X	Would you care for ~?	~하시겠어요?
043	O X	Mary lay on her stomach.	Mary는 엎드렸다.
044	O X	I'm returning Tom's call.	Tom이 전화했다고 하기에 전화했습니다.
045	O X	The chances[odds] are even.	가능성은 반반이야.

| 046 | O X | I can't thank you enough. | 감사합니다. |

= I'm much obliged to you.
= How can I ever thank you?
= Thanks a lot.
= I'm very grateful to you.
= Many thanks to you.
= I don't know how to thank you (enough).
= Thanks a million.

047	O X	It just came out of nowhere.	갑자기 나타났어.
048	O X	It will cost you.	값이 비쌀 거야.
049	O X	The game ended in a draw.	경기는 무승부였어.

= The game ended in a tie.
= The game was tied.
= The game was a draw.

050	O X	Keep up the good work.	계속 잘해 주세요. / 앞으로도 열심히 해.
051	O X	Go ahead.	계속하세요. / 먼저 가세요.
052	O X	Customers are always right.	고객은 왕이다.
053	O X	It will come to me.	곧 생각이 날 거야.
054	O X	You can't miss it.	곧 알 수 있어. / 금방 알 수 있어.
055	O X	I'm flattered.	과찬이십니다.
056	O X	Never mind.	괜찮습니다. (사과에 대한 대답)

= It doesn't matter.
= It's nothing at all.
= Don't worry.
= I don't mind.
= It's[That's] all right.
= No, thanks.
= No, it's alright.
= No, it's OK.

057	O X	It was a bargain[a steal].	굉장히 싸게 샀어.
058	O X	The streets are jammed with cars.	교통이 매우 혼잡해요.

    = The traffic is bumper to bumper.
    = The traffic is very heavy.
    = The traffic is congested.

059	O X	My mouth is watering.	군침이 도네.
060	O X	The brands are neck and neck.	그 브랜드들은 막상막하이다.
061	O X	I can't answer that question offhand.	그 질문에 즉답할 수 없습니다.
062	O X	The car is a lemon.	그 차는 너무 후졌다.
063	O X	Does it remind you?	그거 기억나니? / 이제 기억이 나니?

    = Do you remember that?

064	O X	How did you buy it?	그거 어떻게 샀니?
065	O X	It's not my cup of tea.	그건 나의 취향이 아니야.
066	O X	It's up to you.	그건 네 마음이야. / 너에게 달렸어.
067	O X	Keep it under wraps.	그건 비밀로 해.
068	O X	It was dirt cheap.	그건 정말 값이 쌌어.
069	O X	We are out of them.	그건 품절입니다.
070	O X	It's just nothing.	그건 누워서 떡 먹기야.

    = Nothing is easier.
    = That's as easy as pie.

071	O X	What does it matter?	그것이 어떻든 무슨 상관이야?
072	O X	Big deal!	그게 무슨 대수라고! / 대단한 것, 거물, 중대사
073	O X	(Will) That be all?	그게 전부인가요?

074	O X	That's all that matters.		그게 정말 중요한 거야.
075	O X	Spill it.		그냥 말해.
076	O X	She jumped down his throat.		그녀는 그를 끽소리 못 하게 했다.
077	O X	She speaks the same language.		그녀는 나와 뜻이 맞아.
078	O X	She has what it takes to be a star.		그녀는 스타가 될 만한 자질을 가지고 있다.
079	O X	She has a screw loose.		그녀는 얼빠져 있어.
080	O X	She has money to burn.		그녀는 정말 부자야.
081	O X	She's on the phone.		그녀는 통화 중입니다.
082	O X	He is wishy-washy.		그는 결단력이 없어.
083	O X	He had[got] a crush on her.		그는 그녀에게 홀딱 반했어.
084	O X	He is something like a poet.		그는 꽤나 한다 하는 시인이다.
		= He is something of a poet.		
085	O X	He stabbed me in the back.		그는 나를 배신했어.
086	O X	He made a tongue-in-cheek remark.		그는 농담조의 말을 했다.
087	O X	He slept like a dog[log, baby].		그는 세상모르고 잤다.
088	O X	He is on a roll.		그는 승승장구하고 있어.
089	O X	He is on time.		그는 시간을 잘 지켜.
090	O X	What is he like?		그는 어떤 사람이야?
091	O X	He did not lie for a second.		그는 절대 거짓말을 하지 않았다.
092	O X	What have you been up to?		그동안 뭘 하면서 지냈어?
093	O X	How have you been?		그동안 어떻게 지냈어?

094	O	X	That makes sense.	그래서 그랬구나. / 그거 말 되네.
095	O	X	That[It] figures.	그것은 당연하다. / 생각한 대로이다.
096	O	X	Be my guest.	그러세요. / 그래라.
097	O	X	Don't give me that.	그런 말도 안 되는 소리 하지 마.
098	O	X	There is no one by that name.	그런 이름을 가진 사람은 없다.
099	O	X	That will be the day.	그런 일은 있을 수 없을걸./ 불가능해./ 안 돼.
100	O	X	That doesn't seem likely.	그럴 것 같지는 않아.
101	O	X	You got it.	그렇고말고. / 알았어. / 마음대로 해.
102	O	X	That will do.	그만 해. / 그것으로 됐어.
103	O	X	So so.	그저 그래.
			= Fair to middling.	
104	O	X	That's news to me.	금시초문인데. / 그건 전혀 모르겠는데.
			= That's Greek to me.	
105	O	X	Something's come up.	급한 일이 좀 생겼어.
106	O	X	Keep your chin up.	기운 내.
107	O	X	Don't count your chickens before they hatch.	김칫국부터 마시지 마.
108	O	X	Serve you right!	꼬락서니 좋다! / 쌤통이다!
109	O	X	Take it on the chin.	꾹 참고 견뎌.
110	O	X	Stop bugging me.	나 좀 그만 괴롭혀. / 귀찮게 하지 마.
111	O	X	I got the green light.	나 허락받았어.
112	O	X	I have something to say about Tom.	나는 Tom에 대해서 무언가 할 이야기가 있어요.

113	O	X	I gave it my best shot.	나는 내 최선을 다 해보았다.
114	O	X	I was tongue-tied.	나는 말문이 막혔다.
115	O	X	I rack my brains.	나는 머리를 쥐어짠다.
116	O	X	Count me in.	나도 끼워 줘.
117	O	X	Count me out.	나는 빼 줘.
118	O	X	I'm not myself today.	나는 오늘 내 정신이 아니야. / 컨디션이 안 좋아.
119	O	X	I'm behind steering wheel.	나는 운전을 한다.
120	O	X	I'm good and tired.	나는 퍽 고단해.
121	O	X	I hear you.	나도 그래요. / 알아들었어.
122	O	X	I've been there myself.	나도 그런 적이 있어.
123	O	X	I couldn't help it.	나도 어쩔 수 없었어.
124	O	X	I'll opt in.	나도 참여할게.
125	O	X	Act your age.	나잇값 좀 해라.
126	O	X	Don't boss me around.	나한테 이래라저래라하지 마.
127	O	X	Don't take it out on me.	나한테 화풀이하지 마.
128	O	X	I'm through with her.	난 그녀와 헤어졌다.
129	O	X	I got your back.	난 네 편이야. / 내가 힘이 되어줄게.
130	O	X	I don't buy it.	난 안 믿어. / 나는 그것을 사지 않아.
131	O	X	Don't get in my[the] way. = You get[stay] out of my way.	날 방해하지 마.
132	O	X	Don't get me wrong.	날 오해하지 마.

133	O	X	The walls have ears.	낮말은 새가 듣고 밤말은 쥐가 듣는다.
134	O	X	Over my dead body.	내 눈에 흙이 들어가기 전에는 안돼.
135	O	X	Do you follow me?	내 말 이해하니? / 내 말 알겠니?

= Do I make myself clear?
= Are you with me?

136	O	X	Please hear me out.	내 말 좀 끝까지 들어 봐.

= Please let me finish.

137	O	X	Take my word for it.	내 말을 믿어줘.
138	O	X	I'll eat my hat.	내 손에 장을 지지겠다. / 절대 그럴리가 없다.
139	O	X	Not that I know of.	내가 알기로는 그렇지 않아.
140	O	X	I will tell my mother you said hello to her.	내가 어머니께 안부를 전해 줄게.
141	O	X	I'll give you a ring.	내가 전화할게.
142	O	X	I spoke out of turn.	내가 주제넘었다.
143	O	X	Keep it to yourself.	너 혼자만 알아.
144	O	X	You deserve it.	너는 그럴 자격이 있어. / 자업자득이다.
145	O	X	How humble of you.	너는 참 겸손하다.
146	O	X	It's too good to be true.	너무 좋아서 믿어지지 않아.
147	O	X	You've gone too far.	너무했어. / 지나쳤어.
148	O	X	I could squeeze you in.	널 위해 시간을 낼 수 있을 거야.

| 149 | O X | You are right (on that point). | 네 말이 맞다. |

= You are telling me.
= You can say that again.
= I can't agree with you more.
= I totally agree with you.
= (You) Said it.
= You've got[made] a point there.

| 150 | O X | Can I pick your brain? | 네 머리 좀 빌리자. / 나 좀 도와줄래? |
| 151 | O X | Keep your nose out of this. | 네 일에나 신경 써. / 지나친 참견이야. |

= It is no business of yours.
= Mind your own business.
= It's none of your business.
= Go about your business.

| 152 | O X | You asked for it[the trouble]. | 네가 자초한 일이야. |

= You have asked for it.

153	O X	You made it.	네가 해냈구나. / 제때에 와줬구나.
154	O X	I owe you a dinner.	네게 저녁을 빚졌어.
155	O X	My ears are burning.	누가 내 말하나. / 누가 내 욕하고 있나.
156	O X	I'm home.	다녀왔습니다.
157	O X	Let me put it in another way.	다른 식으로 말해 보죠.
158	O X	Come again?	다시 한번 말씀해주시겠어요?

= Would you come again?

159	O X	Let's talk turkey.	단도직입적으로 이야기하자. / 까놓고 말하자.
160	O X	Give me a ballpark figure.	대략적인 수치를 내게 말해봐요.
161	O X	Give me a ball park figure.	대충 좀 알려줄래?
162	O X	Can I have seconds?	더 먹어도 될까요?

163	O	X	Enough is enough.	더 이상은 안 돼. / 계속 이대로 둘 수 없어.
164	O	X	Can I help you?	도와 드릴까요?
165	O	X	Can you give me a hand?	도와주실 수 있나요?
166	O	X	Money makes the mare go.	돈이 있으면 귀신도 부릴 수 있어.
167	O	X	I'm with you.	동의해. / 난 네 편이야.
168	O	X	You (can) bet your (sweet) life!	두말하면 잔소리지! / 그렇고말고!
169	O	X	Sounds familiar.	들어본 적 있어.
170	O	X	It's between ourselves.	딴 사람한텐 말하지 마.
171	O	X	Do as you please.	마음대로 하세요.
172	O	X	It's the thought that counts.	마음이 중요한 거지. / 중요한 건 마음이지.
173	O	X	Don't talk around.	말 돌리지 마.
174	O	X	It was a slip of the tongue.	말실수였어.
175	O	X	You can talk the talk but can you walk the walk?	말은 쉽게 할 수 있겠지만 실제 행동으로 보여줄 수 있니?
176	O	X	That's right.	맞아.
177	O	X	Consider it done.	맡겨만 주세요.
178	O	X	Great! / Cool! / Terrific! / Awesome! / Neat! / Super!	멋진데!
179	O	X	We are almost there.	목적지에 거의 다 왔어.
180	O	X	Just bring yourself.	몸만 와. / 빈손으로 와.
181	O	X	What's wrong with you?	무슨 걱정 있어?
182	O	X	I don't know what you're getting at now.	무슨 말을 하는지 모르겠다.

| 183 | O X | What are you trying to say? | 무슨 말을 하려는 거야? / 무슨 의도야? |

= What do you mean by that?
= What's your point?
= What are you getting at?

184	O X	I don't follow you.	무슨 말인지 못 알아듣겠어.
185	O X	Tell me about it.	무슨 말인지 잘 알아. / 공감해.
186	O X	What a (happy) coincidence!	무슨 우연이람!
187	O X	What's up with you?	무슨 일 있어?
188	O X	What brings you here?	무슨 일로 여기에?
189	O X	What's this in regard to?	무슨 일로 전화하셨죠?

= What's this regarding[concerning]?
= What's this about?

| 190 | O X | What do you do (for a living)? | 무슨 일을 하십니까? / 직업이 무엇입니까? |

= What business are you in?
= What line of work[business] are you in?
= What is your job?

| 191 | O X | How can I help you? | 무엇을 도와 드릴까요? |
| 192 | O X | You just name it. | 무엇이든 말씀만 하세요. |

= I'm at your service[order].

193	O X	Of course.	물론이지.
194	O X	What's up[new, cooking]?	뭐 새로운 일 없어?
195	O X	I can't make head or tail of it.	뭐가 뭔지 모르겠다.
196	O X	I beg your pardon?	뭐라 말씀하셨죠?

= Pardon (me)?

| 197 | O X | I can't put my finger on it. | 뭐라고 꼭 집어 말할 수 없어요. |

| 198 | O X | What are you up to now? | 뭐 하는 중이니? / 뭐 하고 지내?(안부 인사) / 뭐 할 거야?(계획 묻기) |

| 199 | O X | Get a move on. | 뭘 기다리는 거지?(지금 당장 하라는 의미) / 서둘러. / 빨리 해. |

= We haven't got all day.
= Hurry up.
= Make haste.
= We have no time to lose.
= What are you waiting for?

| 200 | O X | That was a rip-off. | 바가지 썼어. |

= I got ripped off.

| 201 | O X | Now, you're talking. | 바로 그거야. / 이제야 말이 통하네. |

| 202 | O X | Get right down to business. | 바로 본론으로 들어갑시다. |

| 203 | O X | I'm up to my ears in work. | 바빠서 꼼짝 못 해요. |

| 204 | O X | All that glitters is not gold. | 반짝인다고 다 금은 아니다. |

| 205 | O X | This is strictly off the record. | 발표해서는 안 된다. |

| 206 | O X | Don't stand in my way. | 방해하지 마. |

| 207 | O X | My stomach is growling. | 배고파 죽겠어. |

= I'm famished.
= I'm starved to death.

| 208 | O X | That's a switch. | 변덕도 심하군. |

| 209 | O X | Spare me the details. | 변명은 듣고 싶지 않아. |

| 210 | O X | Not much. | 별로 특별한 일은 없어. |

= Nothing much[special].

| 211 | O X | It's no big deal. | 별일 아니야. / 식은 죽 먹기야. |

| 212 | O X | There are wheels within wheels. | 복잡한 사정이 있다. |

213	O X	Shame on you!	부끄러운 줄 알아!
214	O X	Will you do me a favor?	부탁 하나 해도 될까?

    = Will you do a favor for me?
    = May I ask a favor of you?
    = May I ask you a favor?

215	O X	It's raining in buckets.	비가 억수같이 내리고 있다.
216	O X	Nobody has taken it.	빈자리입니다.
217	O X	First come, first served.	빨리 올수록 대접이 좋아. / 선착순
218	O X	Look who's talking.	사돈 남 말하네.
219	O X	People just drift apart.	사람들은 멀어지기 마련이야.
220	O X	Please transfer this call to the office.	사무실로 전화를 돌려주세요.
221	O X	Let me sleep on it.	생각 좀 해볼게.
222	O X	That reminds me.	생각난다.
223	O X	It's on the tip of my tongue.	생각이 날듯 말 듯 해.

    = It eludes me.

224	O X	It could be!	설마 그럴 수가! / 그럴 리가!
225	O X	I have no hard feelings.	섭섭한 감정 없어. / 아무 유감 없어.
226	O X	Don't jump the gun.	성급하게 굴지 마.
227	O X	What a small world!	세상 참 좁네요!
228	O X	Come clean with me.	솔직하게 말해봐.
229	O X	I have a hangover.	숙취가 있어요.

| 230 | O X | Have you got a minute? | 시간 좀 있나요? / 잠시 시간 좀 내주시겠어요? |

= Do you get a minute?
= Do you have time[a minute, a second]?
= Can you spare me a moment?
= Can I borrow some of your time?
= May I have a moment of your time?

231	O X	That's cutting it close.	시간이 아슬아슬해.
232	O X	We don't have all day.	시간이 없어.
233	O X	Don't bother[mind].	신경쓰지 마. / 염려하지 마.
234	O X	Excuse me.	실례합니다. / 미안[죄송]합니다. / 뭐라 말씀하셨죠?
235	O X	Take it or leave it.	싫으면 그만둬.
236	O X	That's no good.	쓸데없어. / 소용없어.
237	O X	Don't say anything!	아무 말도 하지 마!
238	O X	I have no preference.	아무거나 상관없어. / 그건 나한테 중요하지 않아.

= It doesn't make any difference to me.
= It makes no difference to me.
= It doesn't matter to me.
= It's all the same to me.

239	O X	You don't look good.	안색이 안 좋아 보인다.
240	O X	I'm at ease[peace].	안심하고 있어요.
241	O X	Have a seat.	앉으세요.
242	O X	Give me your word.	약속해 주세요.
243	O X	Behave yourself!	얌전하게 굴어요!
244	O X	I'm easy to please.	어느 쪽이든 상관없다.
245	O X	Which team are you rooting for?	어느 팀을 응원하니?

246	O	X	Which do you like better?	어떤 것을 더 선호하니?
247	O	X	What do you say?	어떻게 생각해? / 어때?
248	O	X	How can I make it up to you?	어떻게 하면 네 화가 풀리겠어?
249	O	X	Who would bell the cat?	어려운 일을 누가 떠맡을 건데?
250	O	X	Please give my best regards[respects, wishes, love] to your mother.	어머니께 안부 좀 전해드려.

= Please remember me to your mother.
= Please say hello to your mother (for me).

251	O	X	Go for it!	어서! / 힘내!
252	O	X	I tossed and turned last night.	어젯밤에 뒤척였어.
253	O	X	That's the way it goes.	어쩔 수 없는 일이야. / 세상사란 다 그런 거야.
254	O	X	Is this seat taken[occupied]?	여기 자리 있습니까?
255	O	X	Do you know the name of the man coming here?	여기로 오고 있는 그 남자의 이름을 알고 있니?
256	O	X	(For) Here or to go?	여기서 드실 건가요, 아니면 가지고 가실 건가요?
257	O	X	I'm running a temperature[fever].	열이 나요.
258	O	X	What's on TV tonight?	오늘 밤에 TV에서 뭐 하지?
259	O	X	Let's call it a day[night].	오늘 일은 여기까지 하자.

= Let's call it quits.
= So much for today.

260	O	X	Long time no see.	오래간만이다.

= It's been a while.
= It's been ages.
= It's been ages since I last saw you.
= I haven't seen you for ages.

261	O	X	If the shoe fits, wear it.	옳다고 생각되면 따라라.

262	O X	Why are you so late?	왜 그렇게 오래 걸렸어요? / 왜 이리 늦었어요?
		= What kept[took, held] you so long?	
263	O X	What for?	왜? (문장 속에서 사용)
264	O X	Don't bite off more than you can chew.	욕심부리지 마. / 무리하지 마.
265	O X	I don't think we've met (before).	우리 서로 초면이죠.
266	O X	How much time do we have?	우리 시간이 얼마나 있지?
267	O X	We go way a long back.	우리는 알고 지낸 지 오래됐어.
268	O X	We should back to square one.	우리는 원점으로 되돌아가야 한다.
269	O X	What's the big deal?	웬 소란이야?
270	O X	It's[That's] a shame.	유감이다. / 괘씸하다.
271	O X	That's biting the hand that feeds you.	은혜를 원수로 갚는 거야.
272	O X	These shoes cost me an arm and a leg.	이 신발은 엄청 비싸.
		= These shoes cost me a fortune.	
273	O X	Can I have change for this bill?	이 지폐를 잔돈으로 바꿔 주시겠어요?
		= Can you break[change] this bill, please?	
274	O X	May[Can] I try this on?	이거 입어 봐도 돼요?
275	O X	It's on the house.	이것은 서비스로 드리는 거예요.
276	O X	It's (all) water under the bridge.	이미 (다) 지나간 일이야.
277	O X	It couldn't be better[worse].	이보다 더 좋을 순 없어. [최악이야.]
278	O X	I must be on my way now.	이제 가봐야 할 것 같아.
		= I'd better say goodbye.	
		= I should be going now.	
		= I'm afraid that I have to be leaving now.	
		= I think I should be going.	

279	O X	I can't stand it anymore!	이제 더 이상 못 참겠어!
280	O X	I'm stuffed.	이제는 배가 불러요.
281	O X	Got you.	이해된다./ 무슨 말인지 알겠어.
		= (I) Got it.	
		= I get the picture.	
282	O X	I'm all done.	일을 다 끝마쳤어요.
283	O X	My lips are sealed!	입 꼭 다물고 있을게!
284	O X	Put yourself in my shoes[places].	입장 바꿔 생각해봐.
285	O X	Show your colors.	입장을 분명히 밝혀라.
286	O X	Just be yourself!	있는 그대로 해! / 자연스럽게 행동해!
287	O X	Here we[you] are.	자, 도착했어. / (찾던 것이) 여기 있습니다.
288	O X	Here it is.	자, 여기 있습니다.
289	O X	Don't push yourself too hard.	자신을 지나치게 혹사시키지 마라.
290	O X	How is it going?	잘 지내세요? / 안녕하세요?
		= How goes[fares] it with you?	
		= How are you getting along?	
		= How are you (doing)?	
291	O X	Way to go!	잘했어!
292	O X	Let's take a break.	잠깐 쉬자.
		= Let's take five.	
293	O X	Excuse me for a second.	잠깐만 실례하겠습니다.
294	O X	Are you kidding me?	장난해? / 누구 놀리니?
295	O X	I have a part-time job.	저는 시간제 일을 하고 있습니다.

| 296 | O X | Search me. | 전혀 모르겠어. |

= Beats me.
= You've got me there.

| 297 | O X | It's nothing serious. | 전혀 중요한 일이 아니야. |
| 298 | O X | You have a call. | 전화 왔어요. |

= There is a call for you.
= It's for you.
= You are wanted on the phone[line].

299	O X	Never say die.	절대 희망을 버리지 마.
300	O X	It really hits the spot.	정말 만족스럽다.
301	O X	I am so sorry.	정말 죄송합니다.
302	O X	It's in the eye of the beholder.	제 눈에 안경이다. (제 마음에 들면 좋게 보인다.)
303	O X	That's my fault.	제 잘못입니다.
304	O X	I'm saving it for my friend.	제 친구 자리 맡아 놓은 건데요.
305	O X	I'm a stranger here myself.	제가 여기가 처음이라서요.
306	O X	I'm all ears.	제대로 듣고 있어요. / 열심히 듣고 있어요.
307	O X	Please leave me alone.	제발 나 좀 귀찮게 하지 마. / 나 좀 내버려 둬.

= Please get off my back.

308	O X	Would you like another helping?	좀 더 드시겠습니까?
309	O X	That's a deal.	좋아 알았어. / 계약하자.
310	O X	Not bad.	나쁘지 않아.
311	O X	You're on.	좋았어. (내기를 받아들이며 하는 말)
312	O X	Help yourself.	좋을 대로 해. / 마음대로 드세요.

= Just have it your way.

313	O X	I'd like to book[reserve] a seat.	좌석을 예약하고 싶어요.
314	O X	I'm[It's] all set.	준비 다 됐어. / 준비 완료.
315	O X	Every dog has his[its] day.	쥐구멍에도 볕들 날이 있잖아.
316	O X	What time is it now?	지금 몇 시죠?

    = Do you have the time?
    = Could you tell me what time it is now?
    = What time do you have?
    = May I ask you the time, please?
    = What's the time?

317	O X	I am busy now.	지금 바빠요.
318	O X	It's midnight.	지금 자정이야.
319	O X	So far so good.	지금까지는 무난해.
320	O X	It's a now-or-never.	지금이 아니면 절대로 못 해. / 지금이 유일한 기회야.
321	O X	Let bygones be bygones.	지나간 일은 모두 잊자.
322	O X	Take it easy.	진정해.
323	O X	Can you give me a lift?	차 좀 태워 주시겠어요?
324	O X	My car got a dent.	차가 조금 찌그러졌다.
325	O X	I'll buy that.	찬성합니다.

    = I'm (all) for it.

| 326 | O X | Hang in there. | 참고 견뎌라. / 버텨라. |

    = Hang tough.

| 327 | O X | I'm at the end of my rope. | 참는 데도 한계가 있어. / 궁지에 몰렸어. |

| 328 | O X | You bet. | 천만에요. / 물론이지! / 바로 그거야! |

= Think nothing of it.
= Forget it.
= Not at all.
= You're welcome.
= Don't mention it.
= The pleasure is mine.
= My pleasure.
= No problem.
= No sweat.
= Sure.

329	O X	Take your time.	천천히 해.
330	O X	What are friends for?	친구 좋다는 게 뭐야?
331	O X	Be cool.	침착해.
332	O X	I('ll) bet (you) ~	틀림없이 ~이다. / 설마, 정말일 리가 있겠냐.
333	O X	One day at a time.	하루하루 산다.
334	O X	Give me a break.	한 번만 봐줘. / 한 번만 더 기회를 줘.
335	O X	Give it a shot!	한번 시도해 봐!

= Give it a try.

336	O X	I didn't sleep a wink.	한숨도 못 잤어.
337	O X	I really enjoyed your company.	함께해서 정말 즐거웠어.
338	O X	Break a leg!	행운을 빌어!
339	O X	I have a stuffy nose.	코가 막혔어요.
340	O X	I have a runny nose.	콧물이 납니다.
341	O X	I feel dizzy.	현기증이 납니다.
342	O X	I have a sore throat.	목이 아픕니다.

343	O X	I'm aching all over.	몸살이 났어요.
344	O X	Face the music.	현실을 직시해.
345	O X	Do I know you?	저 아세요? / 우리 아는 사이인가요?
346	O X	Nature calls me!	화장실 가고 싶어!
347	O X	I mean it.	진심이야.
348	O X	I can't take it anymore.	더 이상 참을 수 없어.

성정혜 영어 막판 뒤집기

ISBN 979-11-93234-86-0

- 발행일 2024年 1月 2日 초판 1쇄
- 발행인 · 이용중
- 저　자 · 성정혜
- 발행처 · (주)배움출판사
- 주　소 · 서울시 영등포구 영등포로 400 신성빌딩 2층 (신길동)
- 주문 및 배본처 · Tel : 02) 813-5334　Fax : 02) 814-5334

본서는 저작권법 보호대상으로 무단복제(복사, 스캔), 배포, 2차 저작물 작성에 의한 저작권 침해를 금합니다.
또한 저작권법 제136조에 따라 5년 이하의 징역 또는 5천만 원 이하의 벌금에 처하거나 이를 병과할 수 있으며, 저작권법 제125조에 따라 1억 원 이상의 손해배상책임이 발생할 수 있습니다.

저작권 침해 제보: 이메일 baeoom1@hanmail.net, 전화 02) 813-5334

정가 17,000원